政协委员文库

与核电国产化同行

李永江◎著

中国文史出版社

李永江（2004年）

辑一

核电之路

扎扎实实推进核电国产化

作为当前在建核电工程中，唯一采用自主设计、自主建造、自主管理模式的核电项目，秦山二期工程得到了国务院和国家有关部委、社会各界的关心和支持，在中核集团公司和董事会的领导下，我们在探索核电国产化的前进道路上做了一些尝试。

一、实现设计自主化是实现核电建设国产化的关键

1986年1月，国务院决定在秦山建设两台60万千瓦压水堆核电机组。1986年7月国务院核电办明确了"以我为主、中外合作"的建设方针。1989年8月，国务院核电领导小组基于当时所处的国内、国际环境，及时决定工程建设以大亚湾核电站为参考，开展自主设计，同时争取国外合作。

当时的国内、国际环境也迫使我们在设计自主化的方向上走出一条路来，以便抓住秦山核电二期工程建设的主动权。经过多年的工作从上到下对实现设计自主化的重要性已经达成广泛的共识。因此，项目公司上报的科研开发项目和设计咨询项目所需资金都逐步得到落实；厂址的勘测、勘探、工程试验和调查项目等

前期工作全面展开，为实现设计自主化创造了条件。

二、广泛寻求技术协作，加强设计自主化能力

1992年12月24日，中核总与法马通签订的核岛技术转让协议生效，并相继执行了第一个设计咨询合同和第二个设计咨询合同。我们还在合同条款内引进了用于施工图设计的PDL软件；培训了设备安装、管道冲洗和调试方面的骨干。在实现核岛技术转让的同时，我们于1993年9月30日与美国S＆W公司签订的常规岛设计咨询合同生效。

1997年6月与法国阿尔斯通的子公司塞杰莱克（CEGELEC）签订的电缆铺设程序技术转让合同生效。

三、大力加强科研开发

由法马通提交的上百个互相配套、经过工程使用验证的计算机程序和数据库，是技术转让的核心部分。中核总提供了科研经费，实现了对引进软件和程序的消化吸收。

在国家的支持下，我们逐步配套建成的各种试验设施、试验台架、测控系统，不但为完成秦山二期工程各项重点科研攻关项目提供了手段，还为今后新上核电项目开展科研攻关打下了坚实的基础。

四、坚持技术引进，提高设备国产化水平

实现核电国产化，一个重要的方面就是要实现核电设备的国产化。国家对秦山二期工程提出较高的国产率要求，目的是通过二期工程的建设，掌握核电站主要设备的制造技术，提高国内加工和制造核电站主要设备的制造技术，提高国内加工和制造核电站设备的能力和水平。1991年，国家计委组织中核总、机电部、上海市政府、冶金部、能源部和中船总等单位联合办公，拨出专项奖金用于秦山二期关键设备和技术的科研攻关。

在科研攻关的基础上，对秦山二期压力容器、蒸汽发生器、堆内构件、控制棒驱动机构、汽轮机组、发电机组、凝汽器和主变压器等55项关键设备（其中核岛设备46项，常规岛设备9项）确定制造厂或跟踪厂。为掌握核电主要设备的关键技术，提高二期工程设备国产化率，我们在设备采购工作中通过以下方式，尽力为掌握核电设备制造技术创造条件。

（1）采用国外返包的模式。我们在签订进口设备合同时，要求外商支持我国核电国产化，将部分关键设备返包国内加工。

（2）国外技术转让，立足国内设计和生产。采用与国外厂家联合设计、设计咨询或由国外厂家提供全套制造图纸并由国内设计转化等形式，把国外先进的设计技术转化成自己的技术。

（3）采购配套件和材料，国内加工和成套。由于国内制造

技术的限制，某些设备虽有一定的设计和制造能力，但实现全部自主化有困难，科研开发和机具装备价格昂贵。因此，采用进口配套件或材料等半成品，在国内加工和成套。

（4）开展设备研制、攻关的科研开发。对于国内已有设计的制造基础，只需样机制作或进行必要的试验，无须花很多资金和重大设备，坚持走科研开发之路，提供部分科研经费，实现设计和制造的国产化。

秦山核电二期工程从开工至今已经有五年多的时间了，在建设过程中秦山核电二期始终把扎扎实实推进核电国产化作为自己的责任，努力消化吸收先进的技术，借鉴和吸取秦山一期、大亚湾的成功经验及教训。在工程设计、施工管理、设备制造方面取得了多项重大突破，逐步形成了一套有中国特色的适应现阶段核电国产化建设的模式。

从秦山核电二期工程建设的实践看，在设计方面，已基本掌握了60万千瓦核电机组的关键技术，可自主设计；在设备制造上，已基本具备600MWe核电站关键设备的国产化能力；在现场施工管理上则完全依靠自己的力量。

当然，要推动核电国产化事业稳步、快速地发展，还需要国家在核电发展的有关政策方面给予一定的扶持，在国内核电设备制造行业间加强统一领导和协调，这样，不仅有利于我们进一步掌握国际上先进核电站设计、建造和设备制造的技术，有利于锻炼核电队伍，实现核电项目和核电建设队伍的健康、滚动发展，也有利于拉动内需，推动国内机械、电子制造业的发展。

通过总结秦山二期工程建设取得的经验和不足，必然会为推动我国核电国产化事业发挥重要的作用。

（原文刊载于《中国核工业》2000年第5期）

一颗冉冉升起的新星

——秦山核电二期工程

钱塘江边，秦山脚下，一座新的核电站正在拔地而起，这就是举国上下备受关注的秦山核电二期工程。

1993年4月30日，随着震耳欲聋的一声炮响，拉开了二期工程的序幕。工程建设者们用三年的时间完成了四通一平。从此，杨柳山在我国的版图上消失，代之而起的是一颗冉冉升起的新星——秦山核电二期工程。

秦山核电二期工程是继秦山一期、大亚湾核电站投产之后，由我国自行设计、自主建造的又一座核电站。装机容量为两台60万千瓦压水堆核电机组，工程建设周期72个月，计划于2002年6月第一台机组并网发电，2003年4月第二台机组并网发电，电站设计寿命为40年。

秦山核电二期工程的建设者们曾经历过多少激动人心的时刻：1996年6月2日国务院副总理吴邦国按下1号核岛反应堆厂房浇灌第一罐混凝土的按钮，标志着主体工程的正式开工；1998年11月10日全国人大常委会副委员长邹家华下达了穹顶吊装的起吊令，重173吨的穹顶经过26分钟准确无误地就位于反应堆安全壳筒体之上，从此预示着大规模安装工作的开始；1999年3月31日，号称反应堆心脏的关键设备——压力容器顺利安装；1999年5月27日、5月31日两台蒸汽发生器吊装就位……

工程的每一步进展，无不体现了党中央、国务院对秦山二期工程的关怀和各部委及有关省市对秦山二期工程的支持，无不凝聚了所有参建单位的工程建设者们的心血，工程的每一个胜利，更加坚定了工程建设者们搞好工程建设的决心。

核电作为一种安全、清洁的能源，在世界范围内正在稳步向前发展。目前，世界上有30多个国家运行着440多台核电机组，装机容量达3.5亿千瓦，核电发电量占电力生产总量的17%，预计到20世纪末达到20%。1998年，美国拥有107座核电站，装机容量9920万千瓦，居世界装机容量之首。法国拥有59座核电站，装机容量6285万千瓦，核电占整个电力装机容量的78%，是核电比例最高的国家。而我国大陆已投产的核电站（2座核电站、3台机组）装机容量为210万千瓦，只占电力工业装机容量的0.82%，无论从装机容量还是所占比例来说，核电在我国只是处于起步阶段。可喜的是，核电的发展在我国已经有了一个良好的开端。1991年随着我国第一座自行设计、自主建造的秦山核电站的运行，结束了我国大陆无核电的历史，相继投产的大亚湾核电站有着优秀的运行业绩，这两座核电站的安全运行为国民经济和核电事业的发展做出了重要贡献。

"九五"期间，我国已列入计划的秦山二期、岭澳、秦山三期、连云港四座核电站共8台机组正在进行建造，总装机容量为660万千瓦，2002—2004年间将陆续投入商业运行。届时，我国核电装机容量将占全国电力装机容量的2.3%，即便如此，这一比例仍远低于世界平均水平，这与我国这样一个发展中的大国是极不相称的。由于核电是清洁、安全同时从长远来说也是经济的能源，也由于煤、石油、天然气等常规能源资源有限，因此，发展核电势在必行。

我国是一个发展中的大国，核电发展的根本出路在于设计自主化和设备国产化。秦山二期工程作为自行设计、自主建造的排头兵，肩负着核电国产化的历史重任。它的成功建设，必将为我国掌握大型压水堆核电站设计和制造技术，培养各类高素质核电人才，逐步实现我国核电建设的国产化、标准化、系列化发挥重要的作用。我们相信，秦山核电二期工程的建设必将为推动我国核电事业的发展做出历史性的贡献。

2001年10月17日

（原文刊载于核电之窗网）

历史性的跨越

如果说，秦山核电一期30万千瓦核电站的建造成功，实现了中国大陆核电零的突破，那么，秦山核电二期1号机组（60万千瓦）的并网发电，可以说是中国核电事业在国产化道路上的又一次历史性的跨越。

秦山核电二期工程是由我国自行设计、自主建设的首座2×60万千瓦商用压水堆核电站，其主体工程于1996年6月2日开工，计划建设工期72个月。目前，第一台机组已于2002年2月6日实现并网发电，历时68个月。在九五期间开工的四个核电工程中，这是唯一采用"以我为主、中外合作"方式建造的核电项目。作为国家重点工程，秦山核电二期得到了中央领导的重视和关怀，得到了国务院各部委、浙江省人民政府和社会各界广泛的关心和支持。李鹏、李瑞环、乔石、邹家华、吴邦国、温家宝等领导同志先后视察过秦山核电二期工程，吴邦国副总理亲自为秦山核电二期主体工程开工剪彩，并按动布料机按钮，为1号机组浇灌了第一罐混凝土。

项目背景和建设方针

1986年1月，国务院决定在秦山地区增建两台60万千瓦压水堆核电机组，即秦山核电二期工程。

秦山核电二期工程开工之前，国务院就明确了"以我为主、中外合作"的建设方针。原核工业部先后与德国、法国、日本和美国等国家进行了多轮谈判。1989年8月，国务院核电领导小组基于当时的国际环境，决定在秦山一期和大亚湾核电站的基础上，对秦山核电二期工程采取自主设计，同时争取国际合作的方针。在方案设计中，对必须进行实验验证的科研开发项目和有可能实现国产化的设备研制项目，以及需要向国外设计咨询的项目，进行了反复论证，最后确定秦山核电二期工程要建成商用核电站，采用二环路，每个环路30万千瓦，按照"以我为主、中外合作"的方针，引进技术，改造和加强国内现有的工业基础，尽量提高设备国产化比例。

投资构成与工程概况

秦山核电二期工程按照中央控股、地方参股共同办核电的精神，由中国核工业集团公司（股比50%）、国家电力公司华东公司（股比6%）、浙江省电力开发公司（股比20%）、申能（集团）有限公司（股比12%）、江苏省投资管理有限责任公司（股比10%）、安徽省能源集团有限公司（股比2%）共同出资兴建。

1987年10月29日，国务院和国家计委审批了秦山核电二期工程项目建议书。1988年1月19日成立核电秦山联营公司（1995年11月更名为核电秦山联营有限公司），作为业主，负责秦山核电二期工程（秦山第二核电厂）的建造和运营。

秦山核电二期位于浙江省海盐县秦山南侧的杨柳山地段，与秦山核电一期毗邻。国家有关部门为选定厂址，通过数年时间的前期地质勘察，并组织专家进行反复论证和技术经济分析后认为：杨柳山山体稳定，岩石坚硬；面临大海，取水方便；地形宽阔，山体标高较低，有利于大气扩散；又处于华东电网负荷中心，有利于电力输送和调控，是个较为理想的核电厂址。

1986年1月至1996年5月，为秦山核电二期工程的前期准备阶段。1992年开始"四通一平"，1993年5月至1996年5月进行土石方开挖及浇灌第一罐混凝土的准备，共完成土石方开挖750万立方米，为工程"零点"创造了条件。

1996年6月2日，1号反应堆厂房正式开工，秦山核电二期进入建造阶段。

秦山核电二期工程建造汲取了国内外施工组织管理的先进经验，实行"业主（法人）负责制、招投（议）标制和工程监理制"的新型管理模式。经过招标，由核工业第二研究设计院为工程设计总承包院，中国核动力研究设计院和华东电力设计院为分包院。通过议标，中原核电建设公司为施工总承包单位，核工业二二建设公司、二三建设公司、二四建设公司、核工业第五安装工程公司和浙江省火电建设公司为分包单位。

　　秦山核电二期在建设中遇到了很大的困难。首先，秦山二期按照"以我为主、中外合作"的方针建设，它的设计是参考法国设计、建造的大亚湾核电站，由于冷却剂回路由三环路改为二环路，使得反应堆堆芯、主回路系统布置及相关的辅助系统都发生了一些变化，堆芯的热工水力、反应堆厂房设计、土建结构设计及计算均需重新考虑，与场地特性有关的子项需重新设计，这就给设计带来很多需要妥善处理的新课题。其次，由于20世纪90年代初期国内筹资困难而不得不引入国际贷款来购买设备。为了打破独家索要高价的局面，而不得不与多国供货商进行谈判并引进其设备，因而设备接口复杂，设备谈判时间及采购时间相应拉长，对与设备有关的施工图的设计产生了一定影响。最后，由于我国处于核电的起步阶段，但在建造标准上又要与国际标准相适应，无论从我们国家的工业基础、建造经验、管理水平及认识深度上都有一定差距，客观上也增加了二期的建设难度。由于以上原因，使得施工图设计远远落后于现场施工的需要，在秦山二期开工时施工图的储备量还不到6%。因此，仅开工不到半年，现场就处于许多工号待图的局面。

　　国家有关部委、中国核工业集团公司、核工业建设集团公司以及核电秦山联营有限公司董事会都十分关心、支持秦山核电二期的建设。全国人大常委会财务经委副主任、原核工业部老部长蒋心雄非常关心秦山二期的建设，几次亲临现场检查指导工作；李定凡总经理仅在2000年就亲自主持召开了7次秦山二期工程协调会，对解决设计进度及各参建单位的协调起到了至关重要的作用。张华祝、穆占英、赵宏、王寿君等领导同志多次参加会议，对参建单位的职工是一个极大的鼓舞，有力地促进了工程建设。核电秦山联营有限公司总经理部在上级领导的关心支持下，带领公司全体职工，以工程建设为中心，严格实施工程三大控制，各参建单位也为工程建设付出了辛勤努力。因此，逐步扭转了工程建设的被动局面，使工程建设呈现出较好的形势。我们主要采取了六项措施：一是制订详细施工作业计划，使各参建单位目标明确；二是与设计院一起共同确定图纸及文件的设计进度，并加强了督促检查；三是加强计划的跟踪检查和考核，建立奖励机制；四是加强施工协调和技术决策力度，使问题解决在现场；五是加强施工组织管理，建立高效的工程管理制度；六是加强施工文件的传递与管理，满足现场施工需要。这6项措施的实施，有力地加快了施工进度，保证了1号机组主要工程节点目标按计划实现或提前实现。

反应堆厂房于1998年11月10日比工程二级计划提前5天实现了安全壳封顶的里程碑目标，并在国内核电站建设中首次采用了穿顶整体吊装的新技术；压力容器于1999年3月31日吊装就位，比二级计划提前了30天；两台蒸汽发生器分别于1999年5月26日和31日相继吊装就位，主泵泵壳于6月28日吊装就位。反应堆主管道于2000年1月21日全部焊接完成；220千伏"倒送电"于4月17日实现；汽轮机组于11月30日实现高压缸扣缸；2001年3月2日1号机组冷却剂系统主回路水压试验结束；6月25日，完成反应堆安全壳密封性及强度性试验；8月31日，汽轮机组实现首次非核蒸汽冲转目标；10月16日，完成1号机组反应堆首次核装料工作；11月30日，500千伏联合开关站启动成功；12月28日首次临界获得成功；2002年2月6日，实现并网发电。

许多到过秦山二期现场的人都说，秦山二期工程是同期在建核电项目中的"难中之难"，所遇到的困难是难以想象的。在这种特定困难条件下，要发挥参建单位的作用，发扬大团结、大协作精神，形成共建秦山二期的合力，为国产化争气，为核工业增光。各个参建单位为了早日建成秦山核电二期工程，战高温，冒严寒，风餐露宿，夜以继日，不讲条件，不分你我，只要工程需要，无条件，无怨言，先干了再说。例如，1998年的夏季气候变化异常，有时出奇的热，没封顶的安全壳内温度高达50多摄氏度，上千名工人在不同的工作面上，救护车就停在现场，没有人后退；有时，连续数天大雨，工人们就等在现场，雨稍小一点儿就马上登上工作面绑扎钢筋……他们吃在工地、住在工地，毫无怨言。在现场，类似这样顽强拼搏的事例数不胜数，充分体现了核电建设者艰苦奋战、坚韧不拔的精神面貌。

工程监理与工程质量

根据国家计委提出的核电站工程实施工程监理要求，1994年联营公司与核工业四达建设监理公司签订了监理合同，这是国内核电工程建设首次引入监理制。1994年10月，监理公司进驻工程现场，对主厂区工程的建筑、安装工作实行工程监理。监理公司从施工方案审查、对施工工序的监督、质量控制点的检查和放行、质量计划的审批，以及对不符合项的处理、月度结算、进度统计、交工资料审查等方面起到了监理作用。

质量保证体系是有效管理的一个实质性方面，也是保证核电厂建设、安全与可靠运行必不可少的一种手段。核电秦山联营有限公司的质量保证体系包括组织机构、大纲文件体系和质量保证记录制度三方面，在工程建设中得到逐步完善，为保证工程质量发挥了积极作用。

秦山二期工程的现场施工涉及多家单位，包括业主、监理公司、三个设计院的现场队、中原建以及两个土建公司和三个安装公司。核电秦山联营有限公司是秦山第二核电厂的全面负责单位，对质量负总责，并负责编制总质保大纲；总承包单位负责合同规定的工作，制定与其工作内容相符的质保分大纲；承担核电厂建设的各分包施工单位，对所承担任务的质量负主要责任。这三个层次都制定了相应的质保大纲。

为了使众多单位在解决质量问题的时候能协调有序，使有限的人力、物质资源发挥最有效的作用，核电秦山联营有限公司作为业主，在现场建立了"三级质保、二级质检"质量管理模式。"三级质保"，即施工单位的质保管理为一级质保，负责本单位质保体系的运转；中原核电建设公司为二级质保，负责本公司和5个施工单位的质保管理；联营公司为三级质保，负责整个现场的质保管理，保证现场工程的质保体系持续、有效地运转。"二级质检"即施工单位的质检为一级质检，四达监理公司的质检为二级质检。

从工程建设情况看，这一管理模式是成功的。现场各参建单位在质量管理中分工明确，各子项的施工均能在事先编制的施工方案指导下进行，各关键工序有人检查，有人签字，并形成记录，使整个现场工程质量得到有效控制。

针对秦山二期现场参与单位多、工作接口多、协调工作多的特点，在工程现场还有一类重要的程序就是"三方接口程序"，规定业主、监理公司、施工单位、设计单位各方的职责、工作的流程和完成时间的限制。通过几年的建设实践，证明"三方接口管理程序"在保证现场施工质量中发挥了很大作用。

为了保证工程所用原材料及设备质量符合设计要求，工程现场各方对进场的每批材料和设备的标识、外观、保护情况、理化性能报告、进场复验报告、质保书、合格证、数量及随箱资料等进行检查，合格后方允许签字验收；同时，对材料及设备的存放及使用情况进行跟踪检查，杜绝了不合格材料或设备被错用、误用于工程的情况发生。

业主、监理公司、总包、施工单位遵守和执行各级质量管理制度和程序，使工程质量始终处于受控状态。1号机组的冷态试验、安全壳整体强度和密封性试验、热态功能试验和汽轮发电机组非核蒸汽冲转试验的结果表明，电站的系统和设备性能满足设计和有关规范的要求，特别是安全系统的性能满足相关安全规范的要求，证明电站的系统设计是成功的，系统和设备的质量以及工程建设与安装的质量是好的。

设备供应与安装调试

秦山核电二期工程设备采购和管理工作是在市场经济和国企改革的大环境下展开的。业主在借鉴国内常规电站和核电站设备采购成功经验的基础上，采取自主采购和招标外委相结合的设备采购和管理模式，按照设计院编制的设备采购技术文件和设备清单，负责从设备定点调研到出入库和制造厂现场服务等全过程的管理，负责根据工程二级网络要求的设备进度控制，负责设备采购合同的价格控制。

根据质保大纲的规定和采购工作实践，业主适时制订各种工作程序，完善项目负责人制度，编制了《秦山二期设备采购工作大纲工作程序》、《进口设备采购管理程序》、《国产非标设备采购管理程序》、《国产标准设备采购管理程序》等30多个管理程序，规范设备采购工作，使得一切采购和管理工作有序顺利地进行。

"货比三家、落实信贷、择优选用"是设备采购的原则，并据此开展了设备谈判和签约工作。据不完全统计，已累计签订国内外合同1200多个，采购设备总量5.5万多套件，投资完全控制在概算范围内，大大降低了工程造价。

为了满足现场安装和调试需要，必须做好应急采购和制造厂现场服务两项重要工作。对于安装和调试期间出现的缺损件和设计遗漏项目等的应急采购，一般标准设备三天内签订合同，非标设备一周内签约，确保供应。制造厂商的现场服务从1998年起，累计已达到128人/年。不仅如此，设备项目负责人还经常深入现场，了解设备安装和调试情况，尽可能在现场解决设备问题和进行设备技术协商，加速了设备运抵现场后接口问题的处理。

秦山二期不仅在自主设计上跨越了一大步，而且在设备制造国产化方面上了一个台阶。通过采用与国外厂家联合设计、设计咨询等形式，把国外先进的设计有效地转化成自己的技术，在压力容器、蒸汽发生器、堆内构件、汽轮机组、发电机组和主变压器等55项定点设备中，有47项可基本实现国产化。而对于国内已经有设计和制造能力的设备，坚持走科研开发之路，加大开发力度，也大幅提高了设计和制造水平。

随着工程建设的不断向前推进，秦山第二核电厂于1998年6月成立了调试队，编写和完善调试管理制度、调试大纲、调试规程；编制二、三级调试网络计划；确定调试试验项目和外委部分调试项目；准备调试专用仪器仪表、临设和消耗材料。

2000年11月，公司抽调部分生产技术人员，其中有的是参加过秦山一期调试，有的是参加过恰希玛核电站调试的技术骨干，再聘请部分专家，组织了240余人的调试队伍。在完善建制后，进行了工艺系统培训和考核、调试授权，包括机械授权、电气授权和核授权；同时，采取调试队伍提前介入的方式，及早熟悉安装情况，熟悉系统，并与安装队伍共同进行单机调试等方式，大大缩短了调试的准备时间，为调试的进展创造了有利的条件，从而赢得了工期，使得几个关键节点顺利实现。

从2000年11月到2002年2月并网发电的15个月期间，先后完成了各系统单机调试，系统调试、综合调试和功能试验等700多个调试试验项目，取得了一回路水压试验一次成功、堆内构件流致振动试验一次成功、汽轮发电机组非核蒸汽冲转一次成功、安全壳强度和密封性试验一次成功、核燃料组件装载一次成功、首次临界试验一次成功、500千伏开关站启动一次成功、并网发电一次成功的好成绩。

新管理模式与新技术应用

在国内核电项目建设中，秦山核电二期率先采用了业主负责制、工程招投标制和工程监理制；在建设过程中，坚持自主设计、自主建造、自主管理、自主运营，密切跟踪国际核电发展的新趋势，尽可能采用新技术，研制国产设备，进行技术创新。

根据国际核电发展的新趋势，在NSSS设计中留有比较大的安全裕度。在主要设备的设计和选型上，采用了一些当前最新技术。如反应堆压力容器采用了带管嘴、大尺寸的锻件，减少了焊缝，取消了活性区筒体段的焊缝；反应堆压力容器上、下封头的贯穿件上采用了lnconel 690新材料，以减少应力腐蚀；蒸汽发生器的设计也用了新的热工水力设计方法，采用整体锻件和lnconel 690传热管，支承板上管孔做成拉制的四叶梅花形孔，并增加了残渣收集器，提高了水质要求；核汽轮发电机组，也采用了一些当前新的设计和制造技术，减少了热耗，提高了额定出力；控制棒驱动机构经过样机综合试验考验，寿命超过850万步，落棒时间离限值2.4秒有较大裕量，性能已经达到国际先进水平；应急柴油发电机组采用"一拖一"方案，提高了机组启停运行的可靠性；成功开发了采用集成电路的反应堆保护系统和棒控棒位系统；采用以分布式计算机系统为基础的电站计算机控制系统和用于常规岛控制的分布式计算机控制系统等。这些创新为今后新建核电厂的设计和设备制造积累了宝贵经验。

采用了多种措施，提高核电设备国产化能力，带动国内机电制造业整体水平的提高。如反应堆压力容器一台引进，一台则利用国外的图纸资料和技术支持由国内制造厂供货；蒸汽发生器和堆内构件则采取一个机组引进，一个机组在国内制造；稳压器、安注箱、燃料转运系统等，利用核岛设计技术转让的图纸资料，由国内自行设计、制造；装卸料机由核二院研究开发成功，由上海起重机厂制造供货；由国内厂家制造供货的常规岛设备，如汽轮发电机组、凝汽器、高加、低压、主变、厂变等，在已引进技术的基础上，通过优化设计，提高了出力，改善了性能。

在自主施工安装过程中，也努力开展技术创新。如安全壳的施工中，成功地使用了粉煤灰混凝土，较好地解决了建筑行业最头痛的大体积砼浇灌防裂难题；采用新的焊接技术，解决了钢牛腿焊接等技术难题；在国内核电建设中首次采用穹顶整体吊装技术并一次获得成功，缩短了工期，保证了安全壳提前封顶；在循环水泵的混凝土蜗壳施工中，采用了高强度的混凝土配方，以提高抗磨蚀的性能，并采取有效的工艺措施，控制了裂纹的出现。这些新技术的采用，提高了施工质量，加快了工程主线进度。

调试工作完全由业主承担。在调试过程中，业主组织了应变能力强、高效的调试队伍，并努力开展技术创新。如对60万千瓦这样的核汽轮发电机组，决定不用调试锅炉进行非核蒸汽冲转试验并取得了成功，汽轮机转速达到了额定转速3000转/分，这在国际上的先例也不多见；在不设启动变压器、500千伏"倒送电"又滞后、厂用变压器不能投入的条件下，利用现有的备用变压器实现了1号堆热态功能试验。在法马通的技术支持下，自主进行了堆内构件流致振动现场实测试验，并获取了相应的数据；经综合评价分析表明，现场实测结果均在理论预测结果与模型试验结果范围之内，证实了理论预测和模型试验的结果，可以真实地并且比较保守地反映实际情况。这次堆内构件流致振动现场实测，在我国商用核电站上是首次进行，对今后核电站的设计和建造有重要的参考价值。

在工程建设的同时，完成了电站仿真模拟机研制，保证了主控室操作人员的培训考核、取照。公司参加操纵员（ＲＯ）执照考试40人，一次通过ＲＯ执照考试37人；参加高级操纵员（ＳＲＯ）执照考试18人，一次通过ＳＲＯ执照考试16人。这么好的成绩在国内ＲＯ、ＳＲＯ考试中也是不多见的，为调试和运行做了充足的技术人才准备。

企业文化与精神文明建设

在推进核电工程建设的实践中，不断加强企业文化建设，是企业精神文明建设的重要切入点。我们把加强爱国主义教育和职业道德教育，把提高员工素质，增强企业凝聚力，促进工程建设放到突出位置，教育和引导职工逐步树立"敬岗爱业、厂兴我荣"的思想。我们创办了《秦山二核》报，宣传工程建设，颂扬新一代核电建设者忘我劳动、甘于奉献的崇高精神。我们还把营造和创建统一、鲜明、规范的企业形象标识系统，作为外树形象、内强素质、适应新形势的重要举措来抓。征集确定了司徽、司旗、厂歌、厂旗，编制了《企业形象识别手册》，归纳提炼了"开拓进取，求实创新"的企业精神；印刷了《公司职工工作守则》、《社会主义精神文明规范》、《生产运行辐射防护指南》、《工程建设安全文明管理手册》等小册子，使公司内部管理进一步制度化、规范化、标准化。在庆祝秦山核电二期工程开工五周年时举行了升国旗、厂旗仪式，进一步弘扬爱国主义精神，增强企业凝聚力。我们还广泛深入地开展社会主义劳动竞赛和合理化建议活动，连续开展了五个阶段的立功竞赛活动。广大职工积极发扬团结互助精神，踊跃参加扶贫赈灾活动，体现出了较高的政治觉悟和较好的精神风貌。党员干部在实际工作中发挥模范带头作用，以身作则，能够团结带领广大职工积极投身于工程建设中。企业党组织在工程建设中不断得到加强和壮大，思想政治工作和社会主义精神文明建设有了良好的局面，经过近年的建设和努力，职工的生活居住环境得到较大的改善，1998年以来，职工生活区先后被评为海盐县和嘉兴市的文明示范小区。现在，企业的文化建设正向好的方向发展，并逐渐形成自己的特色，秦山第二核电厂正向现代化文明企业迈进。

秦山核电二期1号机组的并网发电，实现了由自我研制到引进先进技术并消化吸收，进而大幅提高自主研制能力的跨越；实现了核电建设由行政安排到市场经济的跨越；实现了由30万千瓦原型堆到60万千瓦商用堆的跨越，为自主设计、建造百万千瓦级核电机组打下了基础。这些大踏步的跨越，是在"以我为主，中外合作"方针指引下实现的，是在充分吸取秦山一期和大亚湾核电站成功经验基础上实现的，是在全体参建单位及国内众多设备制造厂和科研、试验单位的奋力拼搏下实现的，是在引进、消化、掌握国际先进技术并不断完善创新的基础上实现的。在这一跨越中，国内大型核电站的设计能力、设备制造能力、工程建造与监理能力、自主调试与运行管理能力，都有了质的飞跃；在这一跨越中，核电建设者艰苦奋战、团结协作、坚韧不拔的精神再一次得到升华和展现。

秦山，是中国自主建设核电的发祥地。秦山核电二期1号机组的并网发电，又为中国核电发展史上添上了浓墨重彩的一笔。有理由相信，我们不仅能够建好秦山核电二期，也一定能够管理好、运行好这座国产化的核电站。我们相信，随着秦山核电二期的胜利建成和并网发电，我国核电建设一定会在国产化的道路上与时俱进，蓬勃发展。

（原载于《中国核工业》2002年2月）

两手并重力保运行建造双赢

—— 秦山二核一号机组投入商业运行之后的思考

6月初，中核集团公司在秦山核电基地举行了系列活动，隆重庆祝秦山二核1号机组提前投入商业运行。当社会各界人士前来庆贺时，秦山二核的广大干部和职工并没有自我陶醉。因为我们清醒地认识到，后面的任务还十分艰巨。一方面要确保1号机组安全、稳定、经济运行，另一方面要全力以赴抓好2号机组的建设。同时，要适应生产和基建双重需要、努力提升公司内部管理水平，促进1号机组运行和2号机组施工的协调发展，创造出经济效益和工程建设双丰收的优异成绩。

确保1号机组安全、稳定、经济运行

1号机组投产后，公司的首要任务是确保其安全、稳定、经济运行，其中安全生产是重中之重。安全是核电站的生命，忽视了安全，就等于放弃了核电站的正常生产运行，企业的经济效益不但无从谈起，自然也会影响2号机组的下一步工作。这就要求我们在主观上必须牢固树立"安全责任重于泰山"和"安全第一，预防为主"的思想，切实把握住安全生产上的主动权，全面落实安全技术教育工作，坚持把安全当作秦山第二核电厂生产运行工作的一个永恒主题长抓不懈。

作为我国第一座60万千瓦国产化商业运行的核电站，虽然采用国际标准建造，但与国际先进同行相比，在设计、设备制造、建造以及运行经验等方面还有一定的差距，这无疑给秦山二核的稳定、经济运行带来一定的难度。

我们始终坚持把提高全公司员工的核安全文化素质作为一件大事来抓，努力使安全意识融入每一个工作细节。公司注重对安全运行的管理，已建立健全了安全生产组织机构和组织体系，建立了安全生产例会制度和经验反馈机制，及时分析总结运行中发生的与安全相关的问题；建立了安全技术教育制度，组织了全员安全技术培训；建立了生产早会、周例会制度，及时有效地解决生产和基建中存在的问题；在设备维护检修上坚持偏安全处理的指导思想，组织开展了设备的定期预防性维修和设备的定期试验，经常进行设备巡回检查，及时发现运行设备暴露的问题并迅速处理，把隐患消除在萌芽状态。

公司将不断地加强管理工作，提高管理水平，提高运行质量，以求达到最佳运行效益。公司强调严格执行操作规程、运行技术规格书和各项规章制度；注重生产技术培训工作，努力提高运行和维修技术，同时做好技术资料的积累工作，为生产运行打好扎实的基础；有效地控制机组状态，密切注意反应性控制、冷源控制、放射性控制、发电量控制；确保生产指挥系统的畅通，建立完善的约束机制，包括严格执行试验申请审批制度，工作票许可证制度，加强和完善早会和运行ON-CALL制度，加强和完善运行值班交接班和信息的反馈工作，严格执行生产调度指挥复令制度，完善现场仪表巡检制度及主控室内外的接口工作，通过种种措施，减少计划外停堆停机次数，确保机组稳定，经济运行。

全力以赴抓好2号机组的建设

在确保1号机组安全、稳定、经济运行的同时，全力以赴抓好2号机组的建设，是公司当前与之并重的一项重要工作。

众所周知，2号机组的建设进度由于国内压力容器交货严重滞后而推迟了进度。为了将由此对核电站投资和效益带来的严重影响降到最低程度，需要现场安装和调试在保证质量和安全的情况下尽可能地往前追赶工程，按照二期机组调整计划，2004年4月1日实现投入商业运行目标，这意味着安装和调试必须抢回至少14个月的工期。任务极为繁重，压力十分巨大，而困扰工程建设的各种问题和矛盾依然存在。

为了化解这些矛盾，消除不利因素的影响，努力追赶工程进度，我们采取了一些行之有效的措施和办法。如进一步树立为国产化争光的思想，加强和完善激励制度，以激发参建单位保持高昂的斗志和饱满的热情投身工程建设；进一步做好设备采购和现场服务工作，抓好安装、调试及维修必要的备品备件采购工作，特别注重对2号机组备件的采购，避免出现采购遗漏项目；认真做好安装与调试的接口，在工期进一步压缩后，抓紧对安装与调试的接口进行调整并确保工作有序连接；坚持开好各种协调例会，提高处理问题的速度；在总结1号机组的经验基础上，结合2号机组的实际条件，抓好工程主线关键节点的施工和调试，始终坚持质量第一和科学合理的施工方针，以点带面促进工程进度，千方百计缩短工期，加快2号机组的工程进度。

全面提升公司内部管理水平

为了适应生产与基建的双重需要，必须积极、稳妥地改革和完善公司内部管理，努力提升管理水平。根据秦山二核的实际，统筹兼顾好1号机组的运行和2号机组的建设，调整和完善与之相适应的管理体制和工作机制。在职工队伍建设方面，进一步加强职业道德、工作作风建设，努力建设一支能认真贯彻党的方针政策、适应21世纪要求的高素质核电生产、建设和管理队伍；注重做好对职工的正面教育，引导职工树立正确的世界观、人生观、价值观，大力倡导"爱国守法、明礼诚信、团结友善、勤俭自强、敬业奉献"的基本道德规范，努力提高职工素质。继续加强职工业务培训，特别要抓紧为2号机组生产运行做好准备。2号机组年内将逐步开始进行部分系统的调试。根据这一实际，现有的操纵员数量已不能完全满足需要。因此要安排得力的人员充实教员队伍，开展模拟机培训，积极做好第二批操作员和高级操作员的取照考试工作。进一步加强计划和财务管理，有步骤地实现职能转变和角色转换；尽快了解和掌握电力市场的规则，管理思路要适应市场化运作的需要。同时，抓紧制定相关管理制度，使企业运作机制由基建逐渐向运营转变。

努力提高企业经济效益

企业的一切生产经营活动，其最终目标都是追求利润的最大化。这就要求我们尽可能地降低经营成本，努力提高经济效益。这也是每一个企业在现代市场经济中生存与发展的需要。今年秦山二核第1号机组提前投产后，我们要确保1号机组实现年发电量22.73亿千瓦时、上网电量21.55亿千瓦时的生产目标，并努力向上网电量25亿千瓦时、企业财务收支平衡点迈进。

核电作为我国核工业第二次创业的标志性产业，从一定意义上肩负着振兴核工业的历史重任。因此，秦山二核1号机组的建成投产，不仅仅是秦山二核自身的大事，也是核工业的一件大事。但电站的建成投产，仅仅是企业生产经营活动的开始。核电企业进入市场，与具有百余年历史的常规电厂相比，虽然在电价上尚缺乏竞争力，但对减少污染、保护环境又有明显的优势。应该看到核电利国利民的良好发展远景。当前，需要我们努力工作，为核电发展创造更有利的条件。对外，要充分反映核电的特殊性和优越性，争取合理的电价和国家有关部门对核电企业的相关扶持政策，争取社会各界对核电更大的理解与支持；对内，要采取科学、高效的管理方法，精打细算，开源节流，深入挖潜，努力降低经营成本，不断提高劳动生产率，多发电、发好电、创造更多的经济效益，为国家经济建设多做贡献，为核工业及核电事业不断发展多做贡献。

（原文刊载于《中国核工业》2002年第4期）

力争提前实现秦山二期建设目标

今年4月15日，秦山核电二期1号机组投入商业运行整整一周年。一年来，它的安全性、经济性到底如何，一直令业内人士关注。经过一年的实践和各项指标分析，我们可以肯定地回答：1号机组取得了不凡的业绩。同时，2号机组安装调试工作正在按计划向前推进。一年来，我们坚持一手抓工程建设，一手抓精神文明建设，两个方面的工作都取得了可喜的成绩。2003年5月，核电秦山联营有限公司荣获了"全国五一劳动奖状"，其生活小区也被评为浙江省文明社区和绿色社区。这些成绩的取得，更加鼓舞了秦山二期职工为中国核电国产化事业谱写新华章的信心和决心。

一

秦山二期虽然是我国首座国产化的产用核电站，但是，在电站的管理上，我们坚持以国际先进的标准和要求，实行规范化管理。随着1号机组投入商业运行，联营公司依据现代企业制度和国际先进核电站的管理经验，进一步健全和完善内部管理制度和程序，坚持"安全第一，质量第一"的方针，高度注重核安全文化的培育，大力推广核电员工"探索的工作态度，严谨的工作方法，互相交流的工作习惯"的人品特性，提倡"开拓进取、求实创新"和"敬岗爱业、团结奉献"的企业精神和理念，取得了良好的成效。2002年1号机组累计满功率运行207天，连续满功率运行97天，发电34.9亿千瓦时，超发电4.9亿千瓦时，负荷因子达到74.9%，高于设计的性能指标，取得了较好的运行业绩。截至4月3日，1号机组2003年已发电13.66亿千瓦时，总发电量累计达到48.56亿千瓦时，为华东地区经济的发展做出了贡献，取得了较好的经济效益和社会效益。联营公司先后获得了"社会主义劳动竞赛合理化建议先进单位"、"浙江省重点工程建设先进集体"，连续多年被浙江省、嘉兴市评为"A类纳税户"、"诚信纳税企业"，生活小区连续多年保持着海盐县、嘉兴市文明社区和绿色社区等称号。

在安全管理上，牢固树立"安全第一、质量第一"的思想。联营公司学习和借鉴国内外同行的先进经验，结合自身实际情况，建立了一套具有自身特色的安全生产保障体系和安全生产监督体系，建立了安全生产责任人制度，公司成立了安全生产领导小组，各处室设置了兼职安全协调员，车间、科室设置了安全检查员，班组设立了安全管理员，同时还建立了"三级控制"安全责任制，全面落实安全责任。根据国际通用标准，严格遵照国家核安全法规，制定并实施了有关安全生产的管理制度和技术程序250余份。建立了"两票三制"安全管理制度，抓好"源头控制"和"过程控制",开展定期专项安全生产大检查,按照"四不放过"原则建立和实施安全生产奖惩制度,加强安全知识、技能培训和日常安全工作的宣传。通过建立制度、加强培训和宣传,逐渐在公司内部形成了一个良好的安全文明生产氛围。至今未发生一起重大的火灾事故、交通事故和人身伤亡事故。没有发生一起超辐射剂量照射和人员沾污事故,电站运行按照"技术规格书"的要求进行严格控制,放射性流出物排放、放射性固体废弃物产生始终处于受控状态,远低于国家控制标准。

公司还建立了高效、反应迅速的核应急响应机制,成立了场内应急指挥部和通信、医疗、检修、交通等应急响应组织机构,建造了设备齐全、信息畅通的应急中心,加强了核应急措施。日常应急知识的宣传和核电知识的公众宣传,也都按计划进行并取得良好效果。

在运行管理上,博采众长,不断提高机组安全运行性能。联营公司职工平均年龄34岁,具体承担运行工作的运行处职工平均年龄只有27岁,是一支年轻的核电运行管理队伍。为了运行好、管理好、经营好首座国产化商用核电站,联营公司虚心学习和借鉴国内外核电同行先进的管理经验和良好实践,以国际先进核电站的高标准、严要求为起点,严格实行运行管理的规范化、制度化、程序化,建立了完备的程序管理体系。已编制实施运行规程975份,管理程序471份。在学习法国核电站先进管理经验的基础上,自主设计建立了有助于提高机组安全运行性能的计算机辅助隔离系统(CBA),建立了电站计算机管理系统,使公司每一员工都可通过办公室计算机了解到机组运行状态，并正在逐步实现运行日志的计算机化管理。在运行处内部建立了有效的记录和交流运行事件及经过良好实践的运行管理程序，并作为运行人员的经验反馈来使用，即使是低等级的事件也得到了有效控制。这一做法，得到了WANO（国际核营运者联合会）同行评估专家的认可，被同行评估队列为公司强项之一。

鉴于首座国产化商用堆在个别设计和设备制造方面的经验不足，为提高机组安全运行性能，公司不断地通过日常运行分析，调整运行参数；针对机组运行中暴露出的问题，对1号机组进行了集中整治，在2002年4月和6月期间分别进行了两次停机小修，完成了670多项维修项目，对发电机漏氢、励磁机振动、凝汽器真空度等一些影响机组安全稳定运行的较大缺陷进行了处理，为1号机组长期稳定的运行奠定了基础。

2003年4月4日，1号机组开始首次换料大修，这是我公司自主进行的第一次换料大修。在大修准备工作中，我们按照国内外核电站的通用做法，规范管理。成立了分工详细的大修组织机构，准备了大修文件包，编制了大修信息手册，确定了关键路径，编制了水位图，这些为将来换料大修实行项目管理打下了基础。目前累计编写大修规程1717份，先后编制修订了三版换料大修方案，并邀请国内核工业的老领导、老专家、核电和火电领域专家，对方案讨论完善，把换料大修工期控制在80天内并力争提前。

在人员培训上，注重职工岗位技能培训，编制生效了《生产人员授权管理办法》、《生产人员再培训大纲》等20个培训管理程序。2002年组织实施了第二批操纵员（45人）模拟机培训，首批持照操纵员（37人）2002年度模拟机再培训，堆芯物理再培训34人次，工作组织进程培训69人次，运行质保再培训454人次，工业安全、消防、辐射防护、应急培训939人次，特殊工种取证培训31人等。目前，联营公司已拥有高级操纵员26人，操纵员42人。

在信息管理上，不断推进企业信息服务的网络化、现代化和规范化建设。现在我公司信息化建设分为两个方面，一是日常管理工作的信息化，二是程序文件信息的规范化。联营公司现有办公计算机500余台，已经建成了覆盖厂区、办公区、承包商在内的计算机局域网，开发并投入使用了工程文件档案管理系统、CBA系统、电站计算机系统、办公邮件系统、信息主页系统等5个系统，还在互联网上建立了公司网站。已开发完成并部分投入使用了办公自动化（OA）系统、生产文件管理系统，正在进行电站设备管理系统（CMS）的开发研制工作。

程序文件信息的规范化管理，是核电站安全运行的一个重要保障。联营公司目前已制定生效各类运行规程、事故规程975份，维修规程1472份，专项规程546份，各类管理程序471份，预防性维修大纲64份，定期试验规程129份。对已颁布文件、程序执行情况进行跟踪，并根据规程和程序执行情况，及时修订，及时更新。

联营公司十分重视与国内外同行间的合作和交流，改进自身的管理。2000年5月与韩国电力公司蔚珍核电部在汉城正式签订了《技术与经验交流协议》，与国外核电厂建立了姊妹厂关系并进行了多领域合作。2001年11月，与法国国家电力公司（EDF）签订了运行交流协议；2002年，率先接受了国内核电厂运行评估委员会对我们的第一次运行评估；2003年3月，接受了国际核营运者联合会东京中心（WANO—TC）组织的为期20天的全方位的同行评估。WANO同行专家共提出了21个待改进领域和4个强项。在运行不满1年的时间里，联营公司先后数次接受国内、国际同行专家的评估，开创了国内核电厂同行评估的先例，充分利用外部专家的眼光找出自身在运行管理方面存在的待改进领域，以期寻找自己的差距并尽快实现与国际接轨。我公司正在认真制定整改计划和措施，计划用2—3年的时间，全面提升电站安全运行性能和各项综合指标，努力使国产化核电站达到国际先进同行的标准。

建立状态报告和经验反馈制度，是联营公司逐步实现与国际先进同行标准接轨的一项重要举措。2003年，公司根据自身实际状况，将WANO同行业绩目标进行细化分解，制定了内部业绩考核目标。借鉴国外核电站和WANO在核电同行中推行的"自我评估和纠正行动"准则，建立了内部经验反馈制度，加强处室和员工间的相互交流。通过状态报告、经验反馈报告的形式，反映电厂日常运行中存在的问题和良好做法，并采用周例会的形式，对状态报告改进情况进行跟踪反馈。截至4月底，共产生状态报告471份，经验反馈报告200多份。公司内部开展了一次全面的自我评估和纠正行动。运行、质保等处室已把开展经验反馈和纠正行动作为日常的一项管理工作。通过这些制度的建立与实施，使核安全文化理念渗入到日常工作中的方方面面，规范了管理，促进了机组安全运行性能的提高。

二

在抓好1号机组安全生产运行工作的同时，2号机组的调试工作也按计划有条不紊地进行，总体进度比年度计划略有提前。根据机组运行和调试的实际需要，我们对调试人员进行了调整，部分运行、维修、安防等人员回到了原生产岗位，目前调试队保留了13个专业组共186人，比1号机组调试高峰时的255人略有减少。由于当前工作的特殊性，调试队在承担日常调试工作量的同时，还要承担1号机组部分大修文件包的准备工作。通过总经理部有效的组织和协调及全体人员的共同努力，保障了生产和调试工作的顺利开展。

根据1号机组调试实践经验和2号机组实际调试项目设置情况，我们确定了《2号机组调试项目清单》，共607项，其中装料前调试项目525项。2002年6月，编制生效了《2号机组调试三级进度计划》。2003年1月19日，2号机组水压试验结束，比年度计划提前了19天。2003年4月2日，2号机组安全壳强度和密封性试验完成，比年度计划提前约两个月，试验结果表明，安全壳24小时的泄漏率为0.0322%W/D，远小于0.164%W/D的最大允许泄漏率设计值；根据安全壳裂缝、应变和变位的观察分析，安全壳钢筋没有发生屈服，弹性恢复状况良好。试验证明，作为核电厂第三道屏障的反应堆安全壳，建造质量良好，其强度和密封性满足设计要求。5月8日，2号机组主系统热态功能试验开始，与热态试验有关的各项调试项目正按计划开展。

截至目前，已编制生效调试规程573份，已实施项目或部分调试项目383项，完成总项目的63%，完成装料前实施项目的73%。

根据目前的调试进展趋势，原定7月30日2号汽轮机组首次非核蒸汽冲转的目标预计将提前到6月中旬进行，年底有望实现首次并网的目标。

三

我们公司在工程建设阶段，就积极培育和建设以核安全文化为中心，与社会主义精神文明建设紧密结合的具有中国特色的核电企业文化。将员工的积极性、创造性与现代化的科学管理结合起来，牢固树立"安全第一，质量第一"的安全理念，加强职工安全生产知识和技能的培训，建立了严格的事件报告制度和处理机制，编制了管理规程和《职工工作守则》、《工程建设安全文明管理手册》等行为规范准则，大力推广员工的核安全人品特性。通过几年的工程建设，逐步培育形成了"开拓进取，求实创新"的企业精神，率先在国内核电站建立了自己的企业形象识别系统，征集确定了自己的司旗、司徽和厂歌。形成了企业文化由形式到内涵，再由内涵到形式的升华。

正是通过企业文化建设和弘扬这种企业精神，使内部管理进一步制度化、规范化和标准化，使员工对企业有相当自豪感、荣耀感和归属感，形成了良好平和的心态来工作、学习，形成了企业发展的原动力和凝聚力，在公司内部形成了积极进取、蓬勃向上的氛围；正是通过企业文化建设和弘扬这种企业精神，联营公司的800名员工，同时挑起保障1号机组安全稳定运行、2号机组建设顺利进行的两副重担；正是通过企业文化建设和弘扬这种企业精神，使联营公司成功地接受了国内外同行的两次评估。联营公司员工在同行评估中表现出的开放的工作心态，良好的合作精神，得到了国内外同行专家的认可和赞许，尤其是WANO评估队中的一位参加过14次国际WANO评估美国专家给予联营公司高度的赞誉。

一年来，秦山二期在机组安全运行、调试和精神文明建设中都取得好的成绩，这是在中核集团公司和董事会强有力的领导下，联营公司领导班子精诚团结，全体职工共同努力拼搏的结果，是各参建单位密切配合、积极支持的结果，是联营公司不断吸取和学习国内外同行先进管理经验和良好实践的结果，也是联营公司不断打造和培育积极向上的企业文化的结果。我们相信，通过联营公司的不懈努力，秦山二期必将在今后的生产运行上取得新的更大的成绩。

（原载于《中国核工业》2003年第3期）

奋力开拓民族核电之路

——于秦山核电二期工程 1 号、2 号机组全面建成之际

2004年5月3日，秦山核电二期工程2号机组在完成所有调试工作并经过100小时满功率考验后，投入商业运行，这标志着国家"九五"重点工程——秦山核电二期工程1号、2号机组在经历了近8年的艰苦努力后全面建成投产。

秦山核电二期工程是在"寓军于民、军民结合"的战略大背景下，按照国务院制定的"以我为主、中外合作"的方针进行建设的首座国产化商用核电站，也是"九五"期间开工的唯一的国产化商用核电站。1996年6月2日，1号机组主体工程正式开工，国产化核电站的攻坚战也由此打响。面对工程图纸严重滞后、设备多国采购、国内外技术标准转换、国产新研制材料在工程应用及国产化的特殊性所带来的一系列困难和问题，秦山二核的全体建设者们发扬核工业特别能战斗、特别能吃苦的优良传统，充分发挥团结协作、敢于战斗的优良作风，攻克了一道又一道难关。历经6年的艰苦奋斗，1号机组于2002年4月17日比计划提前47天投入商业运行，实现了我国由自主建设原型堆至自主建设商用核

电站的重大跨越。2号机组在面临压力容器制造进度严重拖期、压力容器焊缝制造缺陷返修的巨大压力和困难下，一步一个脚印地走向成功。今天，我们怀着极其喜悦而又极其激动的心情见证中国核电发展史上的又一个辉煌：秦山二期工程2号机组投入商业运行暨秦山核电二期工程1号、2号机组全面建成投产。

回首工程筹备和主体工程建设的日日夜夜，我们不会忘记党和国家对秦山核电二期工程的关怀、爱护；不会忘记有关部委领导多次现场视察，给予工程许多重大方针政策上的指导和指示；不会忘记中核集团公司领导亲临现场，成功地协调、解决了一系列重大问题；不会忘记历任董事长和总经理对工程的不同阶段所做出的重大贡献；更不会忘记公司全体职工和全体参建单位职工团结一致，奋力拼搏，克服种种困难，在各自的岗位上为工程所做的默默无闻的奉献。借此机会，我代表核电秦山联营有限公司总经理部和全体职工向始终给予秦山核电二期工程巨大关怀、支持、帮助的各级领导，向与我们并肩作战、共同奋斗、付出辛勤劳动的全体参建单位，向长期关心和支持我们的社会各界人士表示最诚挚的感谢和最崇高的敬意！

通过1号机组两年来的商业运行，我们可以自豪地说，首座国产化商用核电站的建设是成功的。1号机组的比投资为1330美元/千瓦，是国内外同期核电项目中最低的；在55项关键设备中，有47项是国内制造的，平均国产化率达到了55%；机组实际出力平均达到670兆瓦，最高达到689兆瓦，远高于600兆瓦设计出力。从国产化率、造价和竞争力（包括商用后）等主要指标可以看出，秦山二期与当前国家提出的"积极发展核电，核电发展要以我为主，引进技术，合作制造，降低造价，提高竞争力"的发展方向完全一致。

今天，我们还可以自豪地说，我们不仅建设好了一座国产化商用核电站，积累了科研设计、建筑安装、工程监理、设备制造、调试运行及工程管理等一整套国产化核电建设经验，培养了一大批核电技术和管理人才；更重要的是，通过秦山二期的成功建设，创造了具有自主知识产权的60千瓦核电机组的品牌，为今后核电国产化发展开创了一条新路；而且，通过秦山二期的成功建设，从上到下进一步认识到了我国自主发展核电的能力和方向。从这层意义上讲，秦山二期的成功在中国核电发展史上不仅仅是单纯的一个核电站的建成。

风物长宜放眼量。我们已经欣喜地看到，发展具有自主知识产权的核电发展浪潮已蓄势待发。

我们相信，经过核电同行和社会各界的共同努力，一定会迎来核电发展的美好明天。

（原载于《中国核工业报》2004年5月8日）

积极发展具有自主知识产权的核电站

秦山核电二期的成功建造和良好的运行业绩坚定了我们自主发展核电的信心

秦山核电二期工程是我国自主设计、自主建造、自主管理和自主运营的第一座商用核电站，装机容量为2×60万千瓦。工程采用国际标准，遵循"以我为主、中外合作"的方针，经过几年的建设，1号机组于2002年4月15日比计划提前47天投入商业运行，2号机组又于2004年5月10日投入商业运行。去年，1号机组发电46.1亿千瓦时，负荷因子达81％，均远高于负荷因子65％的设计值。这表明，我国首台国产化核电机组的设计是成功的，工程质量是好的，具有较高的安全性能和经济性能。

通过秦山核电二期工程的建设，积累了科研设计、建筑安装、工程监理、设备制造、核燃料组件生产、调试运行及工程管理等一整套核电建设经验，促进了我国机电行业的技术改造和制造水平的提高，形成了具有自主知识产权的秦山二期60万千瓦级核电机组的品牌，增强了我国自主发展核电的能力。秦山二期所取得的成绩，得到了国家有关部委的肯定，受到了国际核工业的广泛关注。

秦山60万千瓦核电机组具有较高的安全性和较好的经济性

秦山二期是我国首座国产化的商用核电站，是贯彻"以我为主、中外合作"的方针，实行"自主设计、自主建造、自主管理和自主运营"的。在四个"自主"中，最关键最重要的是自主设计和自主建造。通过自主设计和自主建造，60万千瓦核电机组具有较高的安全性和经济性，符合国际上发展先进核电站的趋势。

核电机组的安全性主要体现在设计和建造上。通过引进上百个设计分析软件，采取一系列技术手段，秦山核电二期完全达到了国际新建核电站制定的《用户要求文件》，反应堆寿命由40年提高到60年。

核电的可持续发展，关键在于其经济性和市场竞争性。是否有竞争性，首先是同其他电力形式比较，其次是同其他建造形式的核电站之间的比较。单从经济角度讲，核电的竞争性最终取决于上网电价。从发达国家来看，核电的成本均低于煤电，我国的核电由于处于起步阶段，其发电成本略高于煤电，这种情况将随着我国核电的规模化、国产化和产业化而改善。如果从环保、运输等方面看，核电的优势将更加明显，所以，核电的竞争性将优于煤电。从核电产业内部来看，秦山二期由于实施了国产化，1号机组的单位造价为1330美元/千瓦，远低于同期建造的其他核电站；秦山二期的上网电价也是目前国内核电行业最低的。以上数据已经证明，秦山二期的电价是最有竞争力的。秦山二期最突出的成就是在提高安全性的前提下，通过有效控制，降低了核电成本，将核电的单位造价大幅降低，使核电的投资大为减少，增强了核电的竞争力。

积极发展具有自主知识产权的核电机组，坚持走"以我为主、中外合作"的核电发展道路

实事求是、因地制宜、发挥优势、扬长避短地建设核电项目，有利于让有限的资金取得最大的经济效益。在保证其安全性的前提下，选择成熟堆型对我国发展中的核电事业更为有利。60万千瓦级的压水堆核电机组，其技术在国际上已经非常成熟，安全性高。

中国作为核大国，也是未来的核电大国，核电发展的主动权必须掌握在自己手里。核电作为一个高新产业，需要具有自主知识产权，需要自己的品牌。在2003年度的国防科学技术进步奖中，与秦山二期相关的成果共有4项荣获科技进步一等奖，12项荣获科技进步二等奖，22项荣获科技进步三等奖，有些项目正在申报国家科技进步奖。这些成果的取得，体现了对秦山二期60万千瓦核电机组拥有自主知识产权和科技进步的认可和肯定。通过具有自主知识产权的秦山二期60万千瓦级核电机组的成功建设，我们已掌握了发展的主动权，拥有60万千瓦级核电机组的核电品牌，并形成了60万千瓦级核电站的设计、建设、设备制造等较完整的工业体系。保持和发挥这个优势，有利于加快核电产业

的发展。

为了建设好秦山一期和秦山二期，国家在核电站设计、核电设备制造和建筑安装等方面，已经做了巨大的投入并取得许多技术突破，如核岛里的控制棒驱动机构达到了850万步的国际先进水平，国内研制的安全壳用特种钢也达到了国际领先水平。在设备国产化方面，秦山二期55项关键设备中有47项在国内生产，大量核级设备在国内制造，国产化比例高达55%。

秦山二期60万千瓦机组最大程度地促进了整个核产业链的发展，从铀矿开采、燃料元件的制造、设计、核设备的科研、制造、土建、安装，直至项目管理，燃料后处理，以及整个产业链的队伍培养，大大提高我国核综合能力。

在我们建设好秦山二期1号、2号核电机组后，应该让已形成的核工业体系面对国内、国际两大电力市场进一步发展壮大，让具有自主知识产权、性价比优异的60万千瓦级核电机组，为经济建设出力，与其他核电机组一起共同托起共和国的核电大厦。

（原载于《工人日报》2004年5月12日）

国产化核电工程项目管理的探索与实践

——浅析秦山核电二期工程项目管理

2002年4月15日，我国首台自主设计、自主建造、自主管理和自主运营的秦山60万千瓦级压水堆核电站1号机组比计划提前47天投入商业运行。从机组759项调试试验结果和并网运行情况看，设计是合理的，工程建设质量是好的，设备国产化率达到了51%，设备运行稳定、可靠，电站整体性能良好。1号机组的比投资为1330美元/千瓦，远低于国内同期引进的核电项目。这标志着我国核电设计、建造以及工程管理水平有了大幅度提高，实现了我国自主建设核电站由原型堆到商用堆的重大跨越，标志着我国核电事业进入了一个新的发展阶段。

秦山核电二期工程（简称秦山二期）在历时8年的建造中遇到了大量问题，在不断解决问题的同时不断前进着。秦山二期是在建项目中国产化程度最高、比投资最低、利用国内资源最充分、建设难度最大的项目。

一、秦山核电二期工程项目情况

秦山核电二期工程是1986年1月18日国务院常务会议决定建造的。1987年10月正式立项，1995年12月15日国家计委批准工程开工，并列入国家"八五"重点项目工程，1996年6月2日工程正式开工（即主厂房浇灌第一罐混凝土），是"九五"期间四个核电项目中开工的第一个项目。

秦山核电二期工程设计装机容量为两台60万千瓦级压水堆核电机组，厂址西侧预留两台核电机组场地。秦山核电二期工程采用压水堆堆型，核岛采用两个环路，每个环路按电功率30万千瓦设计。工程总投资概算为148亿元，电站设计寿命为40年。工程建设总工期为72个月，1号机组已于2002年4月15日投入商业运行，2号机组于2004年5月3日投入商业运行。

1. 优越的地理环境和良好的地质条件

位于浙江省海盐县境内的杨柳山，与秦山一期、秦山三期毗邻，东临杭州湾，西接沪杭公路，南距杭州92公里，北离上海126公里，交通便利，地理条件优越，地处华东电网负荷中心，电力输送较为方便。厂址具有良好的自然条件和经济发展环境。

2. 中央和地方共办核电，采取市场化运作

秦山核电二期工程按照充分发挥中央和地方两个积极性，中央控股、地方参股共同办核电的精神，由中国核工业集团公司（股比50%）、国家电力公司华东公司（股比6%）、浙江电力开

发公司（股比20%）、申能（集团）有限公司（股比12%）、江苏国信资产管理集团有限公司（股比10%）、安徽能源集团有限公司（股比2%）共同出资建设。1988年，成立核电秦山联营公司；1995年底，根据《公司法》和国家计委关于建设项目法人负责制的要求，将核电秦山联营公司规范为核电秦山联营有限公司。核电秦山联营有限公司（简称联营公司）作为项目管理的实体，在中核集团公司和董事会的领导下，全面组织项目实施，负责电站的建设管理和运营。

二、前期主要工作

由于核电项目具有建设周期长、工程子项多、技术难度大、安全要求高等诸多特点，因此秦山二期许多前期工作都是超前进行的。1986年开始可行性研究，1992年7月13日通过国务院和国家计委的评审；1986年7月开展总体设计，确定总平面布置，1990年2月完成；1990年5月开始初步设计，1992年8月被批准通过。在全面开展这些工作的同时，秦山二期在前期筹备过程中着重抓好了以下五个方面的工作。

1. 主要文件的编制和申报

核电项目的前期工作中，须编制和申报的文件很多，且文件编制程序复杂、涉及面广、要求严格、申报审批手续繁多。这些文件主要包括须向国务院及有关部门上报的《厂址选择报告及环境影响报告》、《建设项目建议书》、《可行性研究报告》、

《设备选型和定点报告》等，以及须由省、市、县各级政府批准的文件，如海运码头建造、淡水取水、生活设施建设等诸方面的文件。这些文件的编制，不仅是做好前期工作的基础，也是保证工程顺利开展的关键。上述文件的编制，必须在调研、勘查、试验的基础上进行，我们委托有能力、有资格的单位来负责编制这些文件。同时，依靠当地现有资料，把部分工作承包给当地政府部门，有利于工作的开展。为了使文件申报审评工作顺利进行，还及早与有关业务部门和审批部门联系，邀请其参与到相关文件的编制工作中，指导和建议这些工作的开展，避免走不必要的弯路。

2. 设计和科研工作

在"以我为主，中外合作"的方针指导下，1986年7月至1989年4月间，与德国KWU和法国法马通公司就技术转让、设备引进、设计合作方面举行了多次谈判。1989年8月，鉴于西方国家对我国的制裁，国务院核电办提出以大亚湾核电站为参考电站，开展自主设计，核岛由三环路改为二环路，核岛设备由法国提供改为多国采购。针对这些实际情况，我们采取"请进来，走出去"的办法，分别与法国法马通公司、美国石伟公司签订了设计咨询合同和合作总协议。在国内，联营公司向设计院提供现场设计基础资料和其他核电站的参考资料，并积极协助设计院和有关设备制造厂开展科研攻关，为设备选型和定点做准备。经过各方面的努力，秦山二期的设计和科研工作顺利进行。

3. 现场前期准备工作

现场前期准备工作是整个工程建设的一个重要组成部分，包括厂址选择、环境调查、工程勘察、征地拆迁、前期施工准备、借用土地等方面的工作。在前期的准备工作中，依靠当地政府是十分重要的。1993年5月开始土石方开挖，通过议标、招投标签订了土石方开挖合同，1995年底开挖结束，共开挖土石方750多万立方米。为了深化工程管理体制，各施工单位按要求编写了各类工程管理程序和施工方案，实现了对工程进度和工程质量的科学管理。由于准备充分，在1996年6月2日主体工程开工前，现场各方面的准备工作圆满结束，得到了国务院领导、国家有关部门领导、专家及社会各界的广泛好评。

4. 重大设备的定点和订货

秦山二期遵循"以国产化为主，进口部分关键设备或部件"的总体要求，积极开展设备定点和订货工作。在有关部门的配合下，对55项关键设备和主要设备定点并开展订货工作。核电站的设备投资占整个工程总投资的50%左右，设备制造在整个工程建设中至关重要，特别是压力容器、蒸汽发生器、环吊、主冷却剂泵、汽轮发电机组等设备选厂定点必须及早进行。这类设备制造周期在30—42个月之间，只有及早订货才能满足工程安装需要。同时，设备制造厂定点后还要与设计院进行紧密的配合，厂方与设计院之间将互提技术资料，以便施工设计的顺利进行。

5. 资金筹措

投资巨大是核电工程的一大特点。由于核电工程建设周期长、投资回报晚，因此增加了核电工程资金筹措的难度。秦山核电二期工程自1987年立项以来，资金一直十分紧张。为了解决这一问题，在国家基建项目银根紧缩的大环境下，根据秦山二期的实际，采取了中央与地方合作，共同兴建核电的新的投资模式。根据国务院批准的《国家计委关于审批秦山核电厂二期工程项目建议书的请示》和国家固定资产投资项目管理改革精神，于1988年1月18日由中国核工业总公司等多家公司联合组建了核电秦山联营公司，同时成立董事会，共同投资建设秦山核电二期工程。

三、项目管理模式

为了保障秦山二期建设的顺利进行，需要建立一个严密的组织体系，采用科学的管理方法，实现"质量、进度、投资"三大控制。为此，秦山核电二期在国内首次实施了"业主负责制—招投（议）标制—工程监理制"的项目管理模式。

1. 依照《公司法》实施董事会领导下的总经理负责制

1995年依据《公司法》成立的核电秦山联营有限公司，按照核电工程项目管理的通用做法，承担秦山核电二期工程的建造和运营。并严格依照《公司法》的要求，规范公司运作，设立股东会、董事会和监事会。

股东会为公司权力机构，股东会按《公司法》和公司《合同》、《章程》行使权力。董事会由11名董事组成，设董事长1名，副董事长2名。董事长是公司法定代表人。董事任期3年，任期届满，可以连选连任。董事会中的职工代表董事由公司职工民主选举产生。监事会共由7名监事组成。

公司管理机构本着精简高效的原则组建。总经理向董事会负责，总经理由中国核工业集团公司推荐，董事会聘任。公司设副总经理若干名，总工程师1名，具体人选由总经理推荐，中国核工业集团公司考核，董事会聘任。公司内部机构设置及定员编制由总经理提出，董事会批准。总经理部作为执行层，在董事会及中国核工业集团公司的领导下，具体实施项目管理。项目法人负责制明确了业主在项目实施中的权力和责任，这是与国际大中型建设项目管理接轨必然要迈出的一步。

2. 工程采用招投（议）标制

设计总承包，建安总承包，设备通过技术谈判选定合格中外供货商供应。

根据社会主义市场经济发展的要求，把竞争机制引进到工程建设中来。作为电站业主的公司董事会是工程建设的招标的决策层，总经理部作为执行层负责整个工程招（议）标的开展。经过招标，确定核工业第二研究设计院（核二院）为工程设计总承包院，中国核动力研究设计院（核一院）和华东电力设计院（华东院）为分包院，分别承担核岛和常规岛的设计。通过议标，中原核电建设公司为施工总承包单位，中国核工业二二建设公司、二三建设公司、二四建设公司、核工业第五安装工程公司和浙江省火电建设公司为分包单位，承担核岛、常规岛及电厂配套设施（BOP）的建筑安装工程的施工。

工程发包采用大包与小包相结合的模式，即把核岛、常规岛、BOP的主要项目作为一个大包，约占建筑安装工作量的80%，由中原核电建设公司总承包，其他BOP项目由业主直接发包。中原核电建设公司作为大包单位，对五个分包单位建立一套施工管理体系，对合同范围内的建安施工负责。

设备采购由业主负责，实行"多国采购、择优定点"，重要国产核电设备由国家定点。材料采购主要由施工单位负责，部分核级材料由业主采购。

不论工程设计、施工和设备采购，秦山核电二期工程选用的招投（议）标方式，是向市场经济环境下实行合同管理的现代管理模式的积极探索和过渡。

3. 核电站建设首次引入监理制

根据国家计委提出的核电站工程实施工程监理的要求，1994年我们与核工业四达建设监理公司签订了监理合同，这是国内核电站建设首次引入监理制。1994年10月，监理公司进驻工程现场，对主厂区工程的建筑、安装工作实行工程监理制。监理公司从施工方案审查、对施工现场施工工序的监督、质量控制点、见证点和书面见证点的审批，以及对不符合项的处理、月度结算、进度统计等方面起到了监理作用，执行情况良好。厂外工程多为业主自行管理，个别特殊工程委托具有相关专业监理资质的单位监理。

采用工程监理是利用第三方监理公司的工程管理经验，受业主委托，承担项目控制中的部分工作，业主可以更好地从全局协调工程建设，而业主内部工程管理人员相对精简。

项目管理模式，即项目管理体制确定了业主所具有的权威性、责任性以及国有资产保值增值的经济性，体现了业主、承包商、监理方的责、权、利的关系。一个工程项目的管理模式及实践与业主自身项目管理经验、管理人才的齐备与否、资金来源、合同承包方式、国家经济环境等诸多因素是密切相关的，核电站工程的特殊性，决定了核电站工程建设项目管理的多元性和复杂性。

四、项目管理的特点和难点

自批准建造秦山核电二期工程之日起，国家就确定了"以我为主，中外合作"的方针，这个方针在工程建设中得到了认真贯彻。

1. 项目的重要内容在实施过程中有重大调整

在秦山核电二期工程建设过程中，由于外部环境的变化，整个项目的内容进行了三次比较大的调整，从而形成了二期工程目前独有的项目管理特点和难点：

（1）1989年国际形势的变化使中外合作模式发生重大变化。中外联合设计的模式中断，改为以大亚湾核电站为参考电站，考虑到与国产汽轮机组配套，将三环路改为二环路，整体局部做了重大调整，设计需作300多项修改。从联合设计变为利用参考大亚湾核电站设计图纸资料、引进软件和部分咨询的自主设计模式，这就大大增加了工程设计的难度，这在主体工程开工建设后日益明显。

（2）用于购买设备的国外出口信贷额度的增加使设备国产化的比例有所降低。由于工程前期资金筹措困难，后经上级批准，国外出口信贷的额度从1.97亿美元增加到3.85亿美元，使设备国产化的比例，从原定的70%下降到50%左右。

（3）设备采购由原拟主要从一国采购后因对方索要高价被迫转为多国采购，这增加了设计、建造和调试工作的难度。一方面，设备多国采购导致整个工程设计接口增多，工程出图受到设备订货和设备资料的制约，大大增加了设计难度，制约了设计进度。另一方面，设计院由于难以及时获得设备技术参数，从而不能提供完整的设备采购清单，设备采购难以顺利进行。

（4）调整了设计标准。根据国际上进一步提高核电站安全性的趋势，在设计上严格遵循国家核安全法规要求，力求与国际新标准接轨，以最新版本（相当于20世纪90年代初期的法国RCC规范）作为与核安全相关设计的参考或依据，同时采用比较大的安全裕度，诸如相对低的线功率，相对高的稳压器比容积等，并在一定程度上考虑缓解严重事故（即罕见事故或极不可能发生事故）的措施，比参考电站做了较多的改进。

2. 图纸储量不足的情况下开工

由于20世纪90年代初期的国家宏观经济环境的压力，秦山二期项目在设计图纸储备量未达到通常核电站项目开工所需要求的情况下就开工建设。按国际核电站惯例，应有60%—70%的图纸到位，最少要40%的图纸到位，才具备开工的条件。而1996年初，土建施工图只出了总量的6%，工程第一罐混凝土浇灌以来，现场始终受到设计供图严重滞后的困扰。按合同，某项目（部位）开工（施工）前6—9个月提供设计图纸。而实际上大多数情况是，拿到图纸后1—2个月就要施工，一些项目多次出现施工等图纸。

3. "以我为主、中外合作"是秦山核电二期工程的建设方针，也是秦山二期项目管理最鲜明的特色

核电秦山联营有限公司工程认真执行"以我为主、中外合作"的建设方针，这一方针贯穿于工程建设的各个阶段，始终指导着各个方面的工作。作为国内首座国产化商用核电机组，不仅是单纯的工程建设，还要为自主设计、建造百万千瓦级核电机组积累经验。所以，工程设计、施工及监理全部由国内企业承担。电站建造的全面管理，包括设备采购、调试及电站运行由业主负责。

同时，"中外合作"可以充分学习国外先进技术和经验，加快我国核电发展的进程，培养中国的核电人才。在设计方面，分别与法国法马通公司就核岛、与美国石伟公司就常规岛签订了设计咨询合同。1992年7月2日与法国法马通公司、国际核电公司签订了核岛合作总协议，有效期18个月，协议到期后，又追加了20个设计包。实际到1994年12月24日设计合作基本完成，历时2年，共进行了25个专题的设计咨询，覆盖了系统设计、主设备设施设计、厂房设计、安全审评、标准规范、计算机程序装机服务等各方面的内容，解答了3000多个疑难问题，形成咨询会议纪要

6000多页，获得技术资料123061页，图纸8747张，设计咨询取得了满意结果。1993年6月15日与美国石伟公司签订合同；10月，石伟公司分3批提交了合同规定的全部资料，石伟公司还复核了华东院需咨询的全部设计文件，对主要系统和设备提出了设计建议，达到了咨询的预期目的。

在设备国产化方面，为了更好地达到核电设备国产化的要求，并为掌握主要核电设备制造的关键技术，我们采取多种形式，做到了一些主要设备如压力容器、蒸汽发生器、堆内构件、汽轮机组部分国产化，BOP的大部分设备和施工材料实现国产化。通过科研开发、国外返包、技术转让等方式，实现了55项关键设备中的47项在国内制造，两台机组的平均国产化率达到55%，其中1号机组国产化率51%，2号机组国产化率59%。

五、质量控制

质量控制是三大控制的基础，是工程建设的前提，是第一位的。秦山核电二期工程采用建设项目管理通用的管理办法，通过一系列手段和措施对工程实施目标控制，即工程质量控制、进度控制和投资控制。

核电站工程关系到核安全，对工程施工质量和安全都提出了更高的要求。秦山二期工程十分重视工程的质量和安全，各参建单位都牢固树立"安全第一、质量第一"的思想。工程现场建立了联营公司、中原核电建设公司和施工单位三级质保，监理公司和施工单位两级质检的质量保证体系。各承包商是质量的第一责任人。联营公司作为业主对核电站所有的物项和服务进行分级管理，规定所有提供核安全相关物项或服务的供应商必须依据HAF0400及其导则的要求建立运转质保体系，与核安全无关的物项或服务的供应商可以根据自己企业的实际情况和需要至少应选择ISO9000标准建立运转适合于自己的质保体系。通过多年来的不断磨合、完善和努力，各单位把质保体系运转当中积累的许多丰富经验转化成一系列较为有效适用的程序文件，为保证秦山二期工程的建设质量发挥着重要作用。

秦山二期工程建造活动实施程序化管理，保证了各级质量组织机构责任明确，接口清楚，管理及具体质量活动方法、途径及信息传递畅通，凡是影响工程质量的活动必须按程序经书面审批后执行。联营公司的质量保证总大纲须提交国家核安全局审评认可，质量保证总大纲已修订至第5版。内部建立大纲管理程序108个、现场接口管理程序45个、各处室工作程序142个，明确了各方的职责和接口关系，使所有与质量有关的活动都有法可依、有章可循、有人负责、有据可查。在工程的各个方面均建立了强有力的质保体系。

（一）工程施工

就工程施工的各承包商而言，各承包商均设立了独立性的质量保证部门，负责制定质量保证大纲和验证质保大纲的有效性。各承包商编制和修订质保大纲必须经过联营公司质保处审评认可。监理公司在实施建安施工监理工作中，主要采取事前控制、事中控制和事后控制的全方位质量控制方法。通过现场制定和采取的一系列程序和措施，工程质量始终处于良好的受控状态，发生的不符合项得到及时的有效处理，物项质量得到根本保证。3531组混凝土试块试验合格率达100%，现场钢结构预制安装焊缝一次合格率达93%，反应堆筒体钢衬里焊接一次合格率达99%以上，底板防雷接地工程导电合格率达100%，土建工程分项质量评定2556项，合格率100%，其中优良率77.3%。

（二）设备采购

核电站是一个高度综合和复杂的工程项目，包括几百个系统、数万（套）件设备，涉及到机、电、仪等多种专业、学科，这些设备的供货质量直接影响着核电站的安全性及可利用率。秦山核电二期工程设备采购涉及多个国家、不同技术标准，所以做好设备采购中的质量保证工作对于确保核电站将来顺利投产、安全运行起着决定性作用。秦山二期的设备采购是在借鉴国内常规电站和核电站设备采购成功经验的基础上，采用自主采购和招标外委相结合的模式进行的，为了保证48000台（套）设备的质量，我们主要采取了如下具体措施：

（1）公司遵照国家核安全法规编写了一系列管理程序作为大纲的支持性文件，主要有《设备材料定点选厂管理程序》、《进口设备采购管理程序》、《设备监造管理程序》和《设备出厂验收管理程序》等，使整个采购过程纳入到有序的管理之中。

（2）设备的订货由设备处、质保处和设计院负责，设备处主要负责商务谈判，质保处负责质保审查，设计院主要负责技术谈判。这样，通过三方的优势互补，确保了采购设备的质量。

在设备的制造过程，主要通过质量控制点的见证、不符合项控制、质量保证监查、设备出厂验收等方式来确保设备的制造质量。质量见证点包括停工待检点（H点）、见证点（W点）和书面见证点（R点），国内H点100%见证，努力提高W点和国外H点的见证率。

总的来说，秦山二期通过有效的程序和措施，在设备国产化的同时保证了设备的质量。回顾秦山二期的设备采购工作，有以下经验和教训：①严格按照质量保证要求做好供方的选择与评价工作，严格避免先签合同后进行质保审查。②加大驻厂代表权利，加强驻厂监造力度。③切实做细、做好出厂验收工作。④进一步加强对业主、设计院、供货商质保教育，提高核安全意识、质保意识。

（三）调试

秦山二期是完全的自主调试，大部分调试项目由秦山二期自己完成，部分项目通过外委完成，但调试质量、进度由秦山二期控制。调试是整个工程建设四大阶段（设计、设备制造、建筑安装和调试）的最后一个阶段，是电站投入商业运行前的最后一个重要阶段，是在整个核电站的建造完成后，使安装好的系统和部件运转，并验证是否满足设计要求和有关安全、运行准则的过程；是对工程设计、设备制造、建造安全质量的综合检验。所以，调试的质量控制尤为重要。

调试阶段的质量控制是通过调试队内部的质量控制、调试的质保监督、调试启动委员会的审查、严格的核安全审评和控制点的释放等方面来保证的。

调试队内部的质量控制：主要包括所有试验按生效规程实施，试验负责人授权，严格执行试验许可证制度等。

调试的质保监督：在整个调试过程中，联营公司质保处对调试进行全面的监督和见证，对全部项目事先确定并实施了规程审查56项、过程监督56项、结果审评6项。

根据调试总大纲的要求，秦山第二核电厂成立了"电厂调试启动委员会"。调试启动委员会在总经理领导下，由联营公司有关处室领导、各设计院、中原核电建设公司的主管领导及有关专家组成。在每个控制点释放前召开会议，对调试阶段情况进行审查并提出相应建议，形成会议纪要，连同阶段调试报告，一并提交国家核安全局，向国家核安全局正式提出控制点释放申请。

国家核安全局（包括上海监督站）对秦山二期的调试实施全过程、全范围的跟踪、检查、监督和管理，严格的核安全审评和控制点释放。主要包括调试总大纲的审评、确定80个核安全监督项目（其中W点35项，R点45项）、阶段调试报告的审评、控制点（5个）的释放。

这些措施的实行保证了整个调试质量。

六、进度控制

就秦山核电二期工程而言，进度控制是三大控制中难度最大的部分。核电工程建设分为两个阶段，即准备阶段（浇灌第一罐混凝土前）和实施阶段（浇灌第一罐混凝土到机组投入商业运行）。

按国际惯例，建造一座核电站需要72个月，但是，根据秦山二期的特殊情况（主要是设计出图），二期制定了一份极为独特的二级网络计划：土建29.5个月（从第一罐混凝土到安全壳封顶，比惯例延长4个月），安装26个月（从安全壳封顶到一回路水压试验结束，比惯例压缩2.5个月），调试16.5个月（从一回路水压试验结束到投入商业运行，比惯例压缩1.5个月）。实际土建29.5个月，安装27.5个月，调试13.5个月。1号和2号机组进度情况如图1所示。

秦山核电二期工程采用了网络进度控制，分级进行管理：

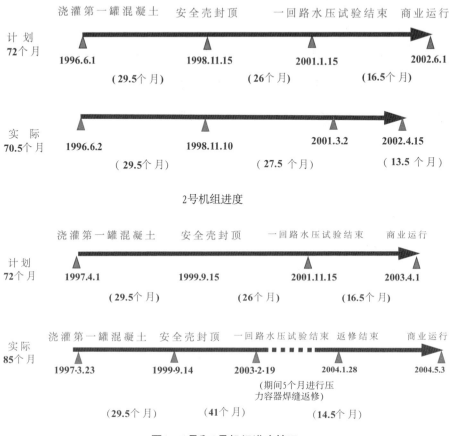

图1　1号和2号机组进度情况

一级计划为基准进度计划，主要包括总体控制活动，由公司董事会和上级部门控制；

二级计划为工程协调计划，主要包括设计、采购、施工、调试等的协调计划；

三级计划为实施计划，主要根据二级进度和合同商的不同工种进行细化，由承包商编制（调试进度由我公司自己承担），业主控制；

四级计划为年度作业计划，由业主下达，各承包商编制，是业主的控制计划。作业计划分到月或周，由承包单位负责。

在进行总进度计划的编制中联营公司尽量同国际大型核电工程进度计划管理模式接轨，同时吸取了大亚湾核电站和秦山核电一期工程的经验，广泛征求有实践经验的专业人员意见。编制中以核岛施工项目为主线，用系统工程方法、统筹安排、合理交叉、分区同步配套建设，力求资源综合平衡、均匀投入，工期安排紧张有序，资金投放尽可能后移。

由于影响工程进度的因素很多，并且部分因素可能影响到工程总工期（如关键设备制造进度拖期），同时，由于秦山二期项目立项时的特殊性和设计自主化的复杂性，联营公司实施进度控制的难度和压力很大。主体工程开工后的1—2个月内还能按计划实施，但开工3个月后，立即出现了施工等图纸的现象。进入安装阶段，这一矛盾越来越突出，出现了主体进度滞后二级网络计划的状态。在项目开工以后，根据设备供货、设计供图以及现场施工等实际情况，业主在确保72个月总工期不变的前提下，先后两次调整了工程建设的二级进度计划，每年度根据工程进展实际情况，进行进度计划的协调，实行滚动管理。在设计出图严重滞后的情况下，业主与设计院、施工单位密切配合，采取多项措施，克服种种困难，在确保工程质量的前提下，以最大限度追赶进度，同时，也考验了整个工程各个环节尽快缩短适应期，创造条件促使工程进度向前推进。

在具体的实施过程中，建设的三个阶段界限并不严格。根据秦山二期工程的特殊性，我们创造性地采取了"安装提前进入土建、调试提前介入安装、运行提前介入调试"的三个提前介入的措施。

（1）安装提前介入土建。为追赶进度，采用科学施工方法，组织合理的交叉施工。当房间装修基本完工后就开始安装，土建尾项在交叉施工中完成。如1号凝汽器的安装，按常规要用汽轮机房行车吊，但是当时1号汽轮机房土建进度严重滞后，加上行车还要为屋顶网架施工用，为保证汽轮机的安装时间，采取了不等封顶，在汽轮机房8.3米层安一台临时汽车吊，提前进行凝汽器的安装，抢回工期1个多月。

（2）调试提前介入安装。按常规，系统调试前应进行中间交工验收，应为安装公司—工程处—调试队接口模式，但由于安装滞后，为了工程进度，确保调试能近期开展和顺利推进，调试提前介入系统安装后期检查工作，督促安装进度，并与安装公司一起做控制通道、逻辑回路和执行机构本体试验。使得事实上变成了调试队—安装公司的直接接口关系。这种模式确实在当时的特定环境下，为水压试验创造了条件、争取了时间，促使安装工作在集中力量、重点保证、方向明确的方针下有了实质性的进展。基于此，在调试期间，通过召开每天调试—安装协调会的形式，重点解决调试中产生的大量安装问题，提出对安装的详细要求。由于调试队对所发现问题查得清楚，提得具体，安装单位可及时了解调试队的意图，分清轻重缓急，使很多现场安装问题的处理效率大大提高。

（3）运行提前介入调试。运行处在水压试验之前便组建了5个运行组进入现场值班，配合调试队开展工作。在装料前，以调试为主、运行为辅进行系统控制和调度，在装料后，以运行为主、调试为辅进行系统控制。运行的提前介入，一方面促进了运行人员技术的提高；另一方面运行人员在夜间可以进行边界隔离、系统在线、状态确认、数据记录等相关工作，为第二天调试项目的顺利实施奠定了基础，提高了调试效率。

"三个提前介入"，按照责任不转移的原则，突出了工程各个阶段的重要目标，调动了更多的人力，促进了问题的发现，提高了问题处理的效率，优化了阶段间的接口，促进了工程的进度。特别是调试提前介入安装，大大促进了安装和调试进度，使原计划16.5个月（国际惯例是18个月）的调试计划得以在13.5个月内完成，为1号机组提前47天投入商业运行做出了贡献。

虽然1号机组我们取得了突出成绩，但是2号机组却严重拖期，严重影响了整个工程的进度，这其中有很多原因，但最主要的原因有两点：压力容器制造拖期和焊缝存在质量问题。

根据压力容器制造合同，交货日期为1999年10月，实际为2001年12月26日，拖期26个月，直接影响工程进度26个月。虽然如此，但通过业主和现场各施工单位的共同努力，到2003年7月，现场抢回进度14—15个月，并计划7月下旬开始装料，2003年底投入商业运行。那样，工程总体进度最终可能只会拖期9个月。

但是，2003年7月，在工程进展顺利并计划在7月底进行首次装料前检查时，发现压力容器接管安全端有一条焊缝存在缺陷，该缺陷是在制造过程中产生的。此后，我们请美国西屋公司进行返修，并最终于2004年1月28日获得了装料许可证，制造焊缝的质量问题使工程进度再一次拖后6个月。加上交货拖期26个月，因压力容器的原因就直接导致工程拖期32个月，给工程进度控制带来了严重的影响，增加了进度控制的难度。

七、投资控制

如果投资失控，即使质量、进度达到控制目标，核电站按期建成，但经济效益不尽如人意，那也会失去项目管理的意义。秦山核电二期项目建设周期长、建筑物项多、系统庞大、设备繁多，而且，受设计出图滞后等种种因素影响，投资控制的难度很大。另外，业主还要考虑人民币贷款利息和外币汇率的变化对投资造成的影响。秦山二期项目立项时的概算是82亿元人民币，1994年政策性调整概算确定的建成价是142亿元，1998年核定概算国家计委批复的总投资是148亿元。为了有效地节约建设资金，提高投资效益，力争工程投资控制在国家批准的概算之内，必须千方百计做好投资控制。截至2003年底工程投资情况如图2所示。

我们在学习二滩水电站建设经验的基础上，参考大亚湾核电站和秦山一期工程的建设经验，结合秦山核电二期工程的具体情况，逐步建立起本工程的投资控制体系。

（1）公司董事会是工程投资控制的决策层，负责制订投资控制的总目标并定期督促检查，对总经理部的授权予以确认；经理部是投资的执行层，按照国家批准的建设投资和董事会的决策，制订投资控制内部程序，具体审核工程投资计划，签订重大经济合同，划分各部门的权限与投资控制责任；公司各有关职能部门，是公司内部投资控制的执行层，按照部门分工，实行投资控制程序的具体操作。

（2）通过招投标，从严控制概预算，以经济合同规范业主与承包商双方行为，在具体执行合同过程中根据阶段性完成任务量经业主、监理公司双方认定核准后支付。

（3）由于原初步设计概算批准时间太久，较多项目已不符合工程的实际，政策性调整概算（调概）又没有分项，因此，在国家计委对秦山二期工程核定概算批准后，我们先后又做了多个方案的概算分解，并建立了一套相应的管理制度以保证不突破概算。

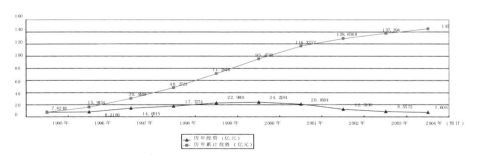

图2　截至2003年工程投资情况

（4）为做好投资控制工作，公司充分利用计算机进行信息化管理，成立了计算机信息中心，开发了部分投资控制管理软件。目前计划、财务、设备等部门已应用计算机进行管理并逐步联网。

虽然2号压力容器给2号机组的投资带来不利影响，但通过这些有效措施，预计工程的总投资会控制在148.12亿元的总概算以内。

八、秦山核电二期工程项目管理的体会

经过几年来的工程建设实践，我们在自主设计、自主建造和自行管理大型核电站工程等方面逐步有了较为深刻的认识，根据几年来的工程建设实践，总结秦山二期工程的体会。

（一）秦山二期工程管理模式的实践

建设项目管理在我国核电站建设的应用刚刚开始，国内还没有形成与项目管理应用相适应的一个客观环境和配套的管理机制，自主建造的核电站无论在项目管理模式的选择上还是管理实践上还缺少经验。秦山核电二期项目作为我国第一座国产化商业核电站，走了一条秦山二期模式的项目管理道路。通过几年的项目管理实践，取得了不少成功经验，同时也有不少教训，产生这些教训的原因不是这种管理办法的本身，而是没有很好地创造有利条件发挥项目管理的优越性。

我们认为，一个项目的管理模式的选择建立与项目建设的

筹资方式、技术路线、建设方针的确定密切相关，不能生搬硬套别人的经验和管理模式。秦山二期项目的立项建设正好处于我国由计划经济体制向市场经济过渡的大背景之下，由传统的基建管理转向市场经济体制下的项目管理，在学习和借鉴其他电力项目管理经验的基础上，通过几年来的具体实践，逐步形成了目前这种具有自身特色的工程管理模式。但是，由于项目管理在我国核电建设中的应用刚刚起步，还处于摸索阶段，参建单位的管理经验、组织能力等都参差不齐，传统的管理思路和认识尚需要一个转变过程，需要在实践中逐步积累经验。如何处理好传统的行政管理与现代企业管理体制两者间的关系，真正按合同和程序办事，也是我们实行项目管理中的一个难题。同时，对于秦山二期来讲，由于核电国产化的特殊性和客观存在的设计供图滞后的问题，使我们在工程建设中遇到了较多的困难，如新材料在工程上的应用和RCC标准与现行国家工业标准的转化等问题，这些都给我们三大控制的实施带来了新的难题。因此，我们在工作中对发现的问题不断地进行总结、分析，不断完善和修订我们的管理程序，以提高我们的管理水平。

随着国家社会主义市场经济体制的逐步发展健全、国家体制改革的深入和社会规范合同管理的大环境的改善，项目管理的优越性将逐步得到更好的发挥。

（二）在特定历史条件下做好进度、投资、质量控制工作

项目管理的着眼点应落实在进度、投资、质量三大控制中。在进度控制中，要十分注重计划的编制、考核和协调工作。计划是进度控制的基础，计划一经确定，发布就具有权威性，要求各单位严格执行，如哪一级拖了进度，责任部门就要写出报告，分析滞后原因，制定追赶计划和措施。考核是进度控制的手段，我们按年度计划制定节点目标并设立分阶段考核点，根据计划执行情况实行奖惩考核。从1997年开始，对建筑安装工程计划设立分级考核点，一级为里程碑或全年考核点；二级为关键路径上的形象点或季度考核点；三级为主要项目完成点或目标考核点，对完不成的要罚，对完成任务或提前完成任务的给予奖励。协调是进度控制的工具，秦山二期工程编制了多项现场接口管理程序，建立了各种定期协调会制度，及时协调解决施工中遇到的各种问题。通过4年的工程建设，我们认为采用的这种进度控制办法，基本符合秦山二期工程的实际情况，较好地发挥了协调作用，有效促进了工程建设。特别是通过编制年度综合计划，及早发现和暴露问题，及早制定纠正措施，以达到进度控制的目的。

在投资控制方面，我们依据国家批复的工程概算，认真进行投资分解和细化工作，使每一笔支出做到有根有据。同时，要十分注重合同标底的制定和合同执行的管理，主要设备由自己组织采购，其他基建费用由管理部门负责。在国内外主要设备采购中，坚持择优选用的原则，在保证质量和进度的前提下，尽可能降低投资。由于国外设备采购中使用出口信贷，因此，在采购时还要考虑对方能否提供最优惠的贷款条件。目前，国内外大中型设备订货已全部完成，从目前设备投资情况看，还是得到了较好控制。公司内部加强管理，强化计划、财务部门的业务管理职能，千方百计减少管理费开支，根据资金到位情况，制定详细的用款计划，减少资金沉淀。同时，还设立了合理化建议奖，以调动各方面积极性，为节省工程投资出谋划策。

在质量控制方面，我们认为制定完善的质量管理程序、建立一支高素质的工程质检、监理工程师队伍，加强施工人员的质量意识教育和施工质量的监督检查，对搞好工程质量控制十分重要。秦山二期工程现场建立了"三级质保、二级质检"的质量保证体系，做到层层把关，对各参建单位质保工作进行定期检查，加大一级质检的力度，强化质检人员的管理和责任，使工程质量处于受控状态。

（三）设备国产化工作

秦山核电二期工程设备采购和管理工作是在"以我为主、中外合作"的方针指导下展开的。对设备进口确定了4条原则，即：国内在设计和制造技术上解决不了的项目；国内科研攻关及制造进度不能满足工程进度的项目；数量少、价格高、科研举措不落实的项目；无单位愿意承担的项目。

由于国内外现代工业标准的差异，国内机械制造水平适应大型核电站建设的要求还有一定差距，在核电关键技术掌握上还不成熟，一些制造厂在执行合同上还不能与市场经济发展的要求相适应，造成部分设备制造进度拖期，有的还造成了重大影响。一些工程材料在国内采购困难，影响了施工的顺利进行。另外，一些新研制的国产设备和材料，不仅需业主承担研制费用，增加了业主投资控制的压力，还要承担新设备、新材料在工程应用中的质量和进度控制上的风险。这些新研制材料由于研制费用的投入，其价格往往高于国外进口材料增大了我们投资控制的压力。例如反应堆安全壳钢衬里材料采用的是自行研制的20HR钢，其成本已超过从国外进口同类材料的价格。由于是新研制的材料，配套的焊条是由国内厂家新研制的，在使用中遇到了许多技术和质量问题，虽然这些问题在后续施工中得到了解决，但影响了1号反应堆锥段钢衬里焊接初期的质量和进度，也增加了工程投资。秦山核电二期工程作为项目个体，在推进设备国产化发展上、力量上十分有限，实践中承担核电设备国产化的研制、开发，无疑增加了业主投资控制、进度控制及质量控制的难度。

从秦山核电二期工程的设备采购工作实践看，600兆瓦级核电站关键设备已基本具备国产化的能力。尽管从合同价格的绝对值上看，国产化的价格比率很低，但从设备设计、制造和总成能力上，是具有相当国产化率的。据初步估计，设备国产化率超过50%，其中2号堆的国产化率接近60%，从数量上看，国产化比例更高。值得一提的是，秦山核电二期工程设备采购是在国内融资困难、利用国外出口信贷的情况下进行的，部分利用出口信贷采购的进口设备确已具备国产化能力。因此，可以预见，通过秦山核电二期工程主要设备国产化的实践和推动，相信后续核电站建设的设备国产化比例将会更高。

（四）上级支持、领导重视是搞好项目管理的关键

秦山核电二期工程每一项重大决策都是在国务院和上级有关部门的关心和支持下，在中国核工业集团公司和董事会的直接领导下实现的。当时，任国务院副总理的邹家华同志曾对秦山二期工程明确指示："要实行业主负责制、工程招投标制和监理制。"国务院经济发展研究中心于1998年10月和2000年3月先后两次对秦山核电二期工程建设情况进行调研。时任国家计委投资司司长姜伟新、基础产业司司长宋密等先后来秦山二期工程现场了解项目管理和投资控制情况。国防科工委领导对秦山二期工程十分关心，特别是张华祝副主任多次来现场就工程项目管理作了重要指示，中国核工业集团公司总经理李定凡，就如何做好工程项目管理对我们也多次作了指示，并且在安装高峰的关键时刻，多次主持召开秦山二期工程协调会，有力地推动了工程建设。赵宏董事长在董事会上对加强工程项目管理工作在多方面作了重要决策。上级领导的关心、指导给了我们做好项目管理的决心和信心。秦山核电二期工程作为自主设计、自主建造的国产化核电机组，由于客观上存在的原因，在设计深度和设备国产化水平方面，还不完全具备大型商用核电站建设和营运的条件，从而更多地表现为原型堆。秦山二期工程的项目管理在上级领导的关心、支持下，一步一步地摸索、实践，已走过了4年的历程，尽管我们的项目管理还不成熟，还处于初级水平，但从4年实践的总体情况看还是好的，它的建设为我国今后国产化百万级核电站建设的项目管理探索了一条道路，为核电设备国产化进行了有益尝试。

在核电站项目管理这样庞大、繁杂的系统工程中，我们以核安全法规为导则，努力实践由传统的计划经济模式的基建管理向市场经济过渡背景下的工程项目管理，这不仅要求我们要能在客观大环境下尝试、探索项目管理，更主要的是要求我们各级管理者能尽快地具备项目管理的素质，不断提高对项目管理的认识，使之成为我们实践中的自觉行动。

（五）重视各参建单位间的协调和沟通

核电站工程巨大，参建单位众多，各单位、各专业、各工种之间接口繁多。秦山二期主厂区建安工程由一家单位总包和五家单位分包，设计工作由核二院主包，核一院和华东院分包，还有监理公司和众多设备供货商，主要是设计与设计、设计与制造、设计与土建、设计与安装、土建与安装、制造与安装、安装与调试等。如何协调好众多接口对工程建设的顺利进行起着举足轻重的作用，业主在此须充分发挥组织协调的职能，许多问题的协调是通过召开专业会议来进行的。秦山二期工程在目前建设过程中建立了各种定期会议，如日碰头会、周工程例会、周二晚上的高层协调会、月工程协调会、设计协调会和每半年召开一次的四方总经理会议。对一些重大设计问题、施工方案，通过召开专业会议进行解决和确定。这些会议都有会议记录或备忘录，明确处理责任，对重要决策都有详细的记录并存档以备查阅。现场建立了工作联系单，各单位间相互交流和沟通信息。联营公司内部建立工作联系单并采用规定格式和编码形式。

秦山核电二期工程作为我国自主设计、自主建造的装机容量为两台60万千瓦级机组的核电站，项目前期由于存在诸多的客观原因，在建设过程中遇到了许多困难和问题，虽然学习和借鉴了国内一些电力工程的管理经验，但在自主建设核电工程项目的管理经验和水平上，与国内整套引进国外成熟核电机组和管理经验的核电工程项目相比，还存在一定差距，在与国际大型核电站先进管理接轨方面还是处于逐步学习阶段。但是，通过几年来的工程实践，工程项目业主和各参建单位同心协力，克服了许多困难，逐步形成了具有自身特点的国产化核电项目管理的模式，取得了一些经验，当然也有不少教训。我们将在今后的项目管理工作中继续发展完善成功的经验，总结教训，进一步提高项目管理的水平，努力为核电国产化事业做出更大的贡献。

（原载于《秦山核电二期工程建设经验汇编》

综合管理卷，2004年6月）

以我为主　中外合作　积极推进核电国产化建设步伐

——学习胡锦涛6·23讲话

　　2002年6月23日，胡锦涛同志亲临秦山核电基地，对中国核电的发展问题发表了重要讲话，他说："核电产业是高技术的战略产业。实践证明，高技术特别是核心技术拿钱是买不来的。要继续坚持以我为主，这是发展核电的必由之路。但要看到，我们的核电技术与发达国家相比，还有很大差距，这就要求我们在立足自主创新的同时，坚持对外开放，加强国际技术交流与合作，学习借鉴国外核电的先进技术和管理经验，努力提高我国核电的装备技术水平和运行管理水平。"胡锦涛同志的重要论断，概括起来，那就是"以我为主、中外合作"。今天，我们在这里纪念胡锦涛同志视察秦山核电基地并发表重要讲话两周年，我们重温胡总书记的重要讲话，对推进当前我国核电的发展具有重要意义。

一、推进核电发展已成为我国能源发展的现实选择

正如胡总书记在讲话中谈到的一样，"在新世纪，我国已进入全面建设小康社会，加快推进社会主义现代化的新的发展阶段。随着经济的发展和人们生活的改善，对能源特别是电力的需求不断增长。这也对我国核电事业的发展提出了新的要求"。2003年，我国的GDP增长率达到了9.1%，国民经济的快速发展拉动了能源需求的快速增长。目前，以水电、火电为基础的能源体系已不能完全满足经济发展的需要，而国际总体能源形势的复杂多变也对我国的能源安全带来严重负面影响。为此国家提出了2020年中国发电装机容量将由2002年的3.56亿千瓦发展到2020年的9.6亿千瓦，其中，核电的装机容量要占4%，即3600万千瓦的重要规划。据此，除去已建成和在建的870万千瓦，在未来16年间，需建成2730万千瓦。如果考虑5年的建造周期，那么在未来的11年间，需要陆续开工2730万千瓦核电建设，即每年应有250万千瓦核电机组开工，因此，时间相当紧迫，任务相当繁重。积极发展核电，已成为我国能源发展的现实选择。

二、中国核电的发展历程已经证明并将继续证明"核电产业是高技术的战略产业。实践证明，高技术特别是核心技术拿钱是买不来的"

中国核电从20世纪80年代开始起步，到现在建成的和在建的共有11台机组，其中3台机组主要是靠我们的技术力量完成的。一台机组是秦山一期30万千瓦的原型堆，也就是试验堆，通过完全的自主设计，我们建成了，并出口了两台给巴基斯坦。另两台机组是秦山二期的两台60万千瓦机组。

秦山二期在设计方面，从1992年到1995年，与法国法马通公司、美国石伟公司、国际核电公司等国际著名核电设计公司签订设计咨询合同，并进行了25个专题的设计咨询，覆盖了系统设计、主设备设施设计、厂房设计、安全审评、标准规范、计算机程序装机服务等核电设计各方面的内容，解答了3000多个疑难问题，形成咨询会议纪要6000多页，获得技术资料123061页，图纸8747张，设计咨询取得了满意结果。通过掌握设计主动权，我们初步掌握了设计的核心技术。

在设备制造上，为了掌握主要核电设备制造的关键技术，通过科研开发、国外返包、技术转让等多种形式，做到了主要设备如压力容器、蒸汽发生器、堆内构件、汽轮机组部分国产化，BOP的大部分设备和施工材料实现国产化。实现了55项关键设备中的47项在国内制造，两台机组的平均国产化率达到55％。

坚持"以我为主、中外合作"的建设方针，通过自主设计、自主建造（主要是设备制造）、自主管理和自主运营，我们初步掌握了60万千瓦核电机组的核心技术并创立了60万千瓦核电机组的国产化品牌，实现了从原型堆向商用堆的里程碑式跨越。

三、秦山二期60万千瓦核电机组是我国具有一定自主知识产权的商用核电机组，是"以我为主"建设核电的重要代表。加快60万千瓦核电机组的发展，体现了"要继续坚持以我为主，这是发展核电的必由之路"的指导思想

（1）60万千瓦核电机组具有较高的安全性，符合国际上发展先进核电站的趋势。

秦山二期60万千瓦核电机组参考法国法马通90万千瓦核电机组进行设计，并吸取了核电站运行的经验反馈及国际先进压水堆的设计思路。在反应堆本体安全、安全系统的可靠性和冗余度、防范和缓解严重事故的能力等主要方面做了改进和优化，与国际上同类核电站相比具有较高的安全性，符合国际上发展先进核电站的趋势。

秦山二期60万千瓦核电机组不仅具有较高的安全性，还具有较高的可靠性和经济性。1号机组的设计出力是60万千瓦，但实际出力平均达到67万千瓦，最高可达68.9万千瓦。2002年和2003年，1号机组发电分别为34.9亿千瓦时和46.1亿千瓦时；

负荷因子分别为74.9%和81%，2004年预计负荷因子可达81%—82%，均远高于负荷因子65%的设计值。机组仅仅投入商运两年，就取得了这样好的运行业绩，是难能可贵的。我们相信，再经过3—5年的实践，60万千瓦机组一定能达到世界先进核电站的运行水平。

（2）60万千瓦核电机组具有较低的比投资和上网电价，具有较强的市场竞争力。

秦山二期1号机组的单位造价为1330美元/千瓦，远低于同期建造的其他核电机组；上网电价是0.414元/千瓦时，也是目前国内核电行业最低的。根据3号、4号机组扩建工程项目建议书测算，3号、4号机组的预期上网电价为0.377元/千瓦时，这个电价是可以与火电相比较的。在《国家发展改革委关于疏导华东电网电价矛盾有关问题的通知》（发改价格〔2004〕1039号）中统一核定了新投产（含已投产未定价和未来投产）机组的上网电价（元/千瓦时），未脱硫：上海（0.375）、江苏（0.355）、浙江（0.385）、安徽（0.33），脱硫电价在此基础上增加0.015。可以看出，秦山二期3号、4号机组预期上网电价已低于浙江的非脱硫火电价格（0.385），当然，更低于脱硫火电价格（0.40）。1号、2号机组的上网电价已基本与脱硫火电电价相当。

因此，我们可以说，秦山二期在提高安全性的前提下，通过有效控制，降低了核电成本，将核电的单位造价大幅降低，使国产化核电不仅在环保、运输等方面大大优于火电，而且在电价上也能完全与脱硫火电进行竞争。

（3）批量进行60万千瓦建设有利于大幅降低造价和运行管理成本。

秦山二期1号、2号机组已经证明了60万千瓦机组具有较强的竞争力。据测算，如果在秦山二期现有条件下续扩建两台60万千瓦核电机组，其建成周期将在60个月以内，单位造价低于1320美元/千瓦。

更进一步的话，在其他地方推进60万千瓦核电机组的群堆、批量建设，建设周期可能更短，建设成本可能更低，管理和运行成本也可能更低，效益将更加明显。当然，推进60万千瓦核电机组的群堆批量建设，不是简单地对秦山二期1号、2号机组进行翻版，而是要在安全性、可靠性、经济性等方面进行改进，求实创新，提高60万千瓦核电站的技术水平。只有这样，才真正体现胡总书记提出"以我为主、中外合作"的讲话精神，才能代表中国核电发展的未来。

四、"立足自主创新的同时，坚持对外开放，加强国际技术交流与合作"是对"以我为主"最好诠释

以我为主，并不是全盘地依靠自己，拒绝来自国外的合作。在秦山二期的建造过程中，通过设计咨询，我们很快初步掌握了60万千瓦机组的核心技术；在设备制造过程中，我们与17个国家和地区进行了技术咨询和技术转让，实现了55%的国产化率；

在建安调试过程中，积极同国外先进核电站进行交流，促进了工程的进展。机组运行后，我们积极同国内外先进核电站和机构交流，先后同韩国蔚珍电厂、法国克罗埃斯电厂建立了姊妹电厂关系，与法国国家电力公司签订了运行合作协议，2003年3月，成功进行了WANO评估。不论是建设过程中，还是在机组投入运行后，我们都能充分认识到我们与国外先进核电站的差距，并积极主动地加强国际间技术的交流与合作，学习借鉴国外核电的先进技术和管理经验，努力提高自己的运行和管理水平。秦山二期1号机组在投入商业运行仅两年的短时间内，负荷因子能达到81%，这是与坚持对外交流与合作分不开的。

在推进国产化核电发展过程中，我们也应该坚持对外合作。即使作为国产化的核电机组，秦山二期3号、4号机组扩建工程，原则要求国产化为70%，那还有30%需要进口。不论是70%的国产化还是30%的进口，我们都离不开对外合作。"以我为主"是我们发展核电的根本，"对外合作"是我们发展核电的基础，两者绝不可偏废。只有两者协调统一发展了，我们的核电发展才有保障。

总的来说，两年前胡总书记提出的"坚持以我为主，这是发展核电的必由之路"和"在立足自主创新的同时，坚持对外开放，加强国际技术交流与合作"为我们发展核电指明了方向，也对核电发展提出了要求。今天看来，核电的发展形势比当时好了，规模也大了，环境也更好了，但是，"以我为主、中外合作"的发展方针仍必须是我们发展核电的根本方针和指导思想。

只有这样，我们才能掌握核电的核心技术，才能在未来核电发展过程中掌握主动权。

2004年6月23日

（原载于中核网）

脚踏实地、不断进取

努力打造CNP600国产化核电品牌

——秦山核电二期扩建工程前期工作回顾

经国务院批准，秦山核电二期扩建工程即将正式开工建设，这是我国"十一五"期间开工的第一个核电项目，也是中核集团公司推进核电国产化所迈出的重要的一步。

扩建工程的场址位于秦山核电二期1、2号机组以西300米处，采用中核集团公司的CNP600技术，参考电站是秦山核电二期工程1、2号机组，设计装机容量为两台650MW压水堆核电机组，设计寿命40年，建设周期60个月，工程将于2006年4月初开工，两台机组计划分别于2011年初和年底投产。

一、2003年4月3日，秦山核电二期扩建工程启动，2004年3月22日，国务院原则同意扩建工程立项

在1号机组投入商业运行后，我们在做好1号机组生产运行、

2号机组调试的同时，即着手考虑3、4号机组的建设。2003年1月20日，国务院召开办公会议，对能源进行专题讨论。之后，国家计委又召开会议，提出了到2020年建成3200万千瓦核电装机容量的目标。在这样的背景下，2003年4月3日，根据中核集团公司的精神，我们召开了"探讨四期（即秦山核电二期扩建）的前期准备"的专题会议，主要围绕3、4号机组容量是60万千瓦还是100万千瓦进行讨论。最后，通过分析，大家认为还是上60万千瓦比较好。60万千瓦核电机组的优势在于，具有较高的安全性，符合国际上发展先进核电站的趋势；具有较低的比投资和上网电价，具有较强的市场竞争力，同时，建60万可以形成群堆优势，有利于大幅降低造价和运行管理成本，还可以将具有自主知识产权的CNP600进一步优化和发展。因此，必须抓住机遇，迈准步子。这是我公司按照中核集团公司的要求，关于扩建工程召开的第一次会议。会议的召开，勾画了扩建工程的初步轮廓，表明扩建工程开始启动。

2003年5月7日，我公司又开会讨论扩建工程事宜。经过两次由浅入深的讨论，使我们更加认识到60万千瓦的突出特点是"投资小、工期短、见效快、效益高"，因此，第二次会议决定扩建工程（当时称为四期）建60万千瓦机组。会后，我们将讨论结果和下一步工作的思路向中核集团公司、董事会进行了汇报，并得到了中核集团公司及董事会的支持。2003年7月，我们遇到了2号压力容器的制造焊缝质量问题，整个处理过程延续到2004年1月。但是，根据中核集团公司的安排，扩建工程项目建议书的编制、上报工作没有停止。

2003年11月14日，我公司与核二院召开了秦山二期扩建3号、4号机组专题会议，就项目建议书的分工进行了明确，并要求工作加快进行。11月29日，我公司召开专题会，对项目建议书的编制工作进行重点部署。中核集团公司在2003年底和2004年初，先后组织召开了几次会议，对项目建议书进行了审核、修改、完善。2004年3月初，经过多次审评和修改，我们向中核集团公司上报了最终项目建议书。

2003年下半年至2004年初，国家电力形势空前紧张。为此，国家又在2020年建成3200万千瓦的基础上，提出了到2020年建成核电装机容量4000万千瓦，占全国电力总装机容量的4%这样一个宏伟目标。同时，秦山核电二期1号机组的成功建造和良好的运行业绩，以及2号机组即将投入运行，均得到了社会各界对自主建设核电站的关注和肯定。在这样的背景下，扩建工程的立项工作进展顺利。

2004年3月22日，曾培炎副总理主持会议专题研究核电发展，会议"原则同意尽快启动秦山二期3、4号两台65万千瓦机组，请发展改革委将项目建议书按程序尽快上报国务院"。这表明，国务院原则同意扩建工程立项。因此，从2003年4月3日到2004年3月22日，中间的时间不到一年，作为国家重点工程，在如此短的时间，就得到了国家的同意，这充分说明了国家对中核集团CNP600的认可，对秦山核电二期工程的认可。

二、2005年7月26日，国务院常务会议同意秦山核电二期扩建工程立项，2005年10月17日，国家发改委下发了核准文件

2004年3月23日，中核集团公司向国家发改委上报了《秦山核电二期扩建工程项目建议书的请示》，2004年5月17日至5月20日，受国家发改委委托，中国国际工程咨询公司在杭州组织了扩建工程项目建议书的评估会。

2004年1月至8月，中国建设银行、中核财务有限责任公司、中国银行、中国工商银行、国家开发银行、中国农业分行等六家金融机构先后向扩建工程出具了贷款意向书。2004年6月18日，扩建工程出资方股东会议在北京召开，各股东方就出资比例进行充分协商，并对秦山核电二期扩建工程的出资比例达成一致。这表明，扩建工程的资金渠道和项目业主得到明确，项目立项的前提条件得到了满足。

2004年9月2日，国家核电自主化领导小组召开会议，会议"同意浙江秦山二期扩建工程的建议书，请项目业主开展可行性研究，尽快完成环保、核安全、土地和海域等方面的审批工作报国务院核准"。根据此要求，我公司加紧开展工作，在获得环保、核安全、土地和海域方面的审批文件后，10月27日我公司正式向中核集团上报了《秦山核电二期核电站扩建工程可行性研究报告的请示》。由于核准制后，可研报告审批程序不明确及部分经济指标修正，因此，中核集团公司又组织有关专家，对可研报告进行审核、修改。2004年12月15日，中核集团公司将可研报告正式上报国家发改委。

2005年1月27日，浙江省发改委向国家发展改革委上报了秦山核电二期扩建工程项目建议的请示，这表明，扩建工程的项目建议书得到了浙江省的支持。

2005年1月23日至24日，国家发改委张国宝副主任在上海召开秦山核电二期扩建工程技术改进及设备国产化方案论证会，国防科工委张华祝副主任，中核集团王寿君副总经理以及国家环保总局、中国机械工业联合会及中广核集团、国家核电自主化专家组等部门的领导参加了会议。会议认为，秦山核电二期扩建工程采用"翻版加改进"的技术方案符合国家核电自主化领导小组2004年3月22日会议确定的"不停步，不踏步，向前走"的原则，原则同意四项改进原则和改进方案，原则同意设备自主化方案。

2005年7月26日，国务院常务会议同意扩建工程立项，2005年10月17日，国家发改委下发了扩建工程项目核准文件。这标志着扩建工程的立项申请工作圆满完成，也宣告了我国通过国家核准程序的国产化比率最高的核电项目的诞生。

至此，秦山核电二期扩建工程项目从申请立项到国家核准，只花了一年零四个月的时间，这个速度在国内核电项目上是绝无仅有的。其间，仅国务院领导组织召开的与扩建工程相关的会议不下五次，国家发改委、国防科工委等国家有关部委也多次召开会议研究秦山二期扩建工程，这充分表明国家和上级部门对秦山核电二期扩建工程的支持与慎重，也拉开了国产化核电大发展的帷幕。

三、2006年1月24日，国家核安全局批准秦山核电二期扩建工程建造许可证

2004年12月17日，我公司正式向国家核安全局提交了秦山核电二期扩建工程《核电厂建造许可证申请书》。根据核电厂建造管理规定，电站正式开工前，必须获得国家核安全局颁发的建造许可证。而建造许可证的先决条件是必须具有项目核准（批准）文件，而且质量保证大纲（设计与建造阶段）、初步安全分析报告（PSAR）、环境影响报告（设计阶段）等三份主要文件必须获得国家国保总局（国家核安全局）的批准。在上报了建造许可证申请书后，我公司围绕此四份文件，及时开展各项审评工作。

2004年7月，《初步安全分析报告》（PSAR）编写工作正式启动，2005年1月，核二院完成了初稿。经过组织审查，2005年2月5日我公司正式提交NNSA审评。从2005年7月21日开始，国家核安全局与我公司（包括设计院）共召开了三次较大规模的对话会，从第一次形成工作单311个，到第二次形成工作单63个，再到2005年11月17至18日召开的第三次对话会形成工作单6个。可以看出，随着工作的不断深入，所面临的问题也越来越少，整个

审评工作富有成效。

2004年10月13日，我公司将《质保大纲（设计建造阶段）》正式提交国家核安全局进行审评。从2005年3月到9月12日，国家核安全局召开了两次较大规模的对话会，并于2005年10月正式批准了我公司的质保大纲。

2005年5月16日，我公司将《环境影响报告（设计阶段）》提交国家环保总局审评。从2005年7月，国家环保总局先后召开了两次较大规模的对话会进行审评。

11月28至30日，国家环保总局（国家核安全局）在北京召开了核安全与环境专家委员会第二次会议。通过审议，专家委员会建议国家环保总局（国家核安全局）向我公司颁发建造许可证（CP）并批准《环境影响报告书（设计阶段）》。

12月27日至28日，国家核安全局组织专家对扩建工程建造开工前的现场准备工作进行了检查。通过检查，国家核安全局认为，秦山核电二期扩建工程已基本具备了进行核岛土建施工的条件，即具备颁发建造许可证的条件。

2006年1月23日，国家环保总局下发了《关于秦山核电二期扩建工程环境影响报告书（设计阶段）审查意见的批复》，正式批复扩建工程的环境影响报告。

2006年1月24日，在春节即将来临之际，国家核安全局下发《关于批准秦山第二核电厂3、4号机组建造许可证的通知》（国核安发〔2006〕9号），批准秦山核电二期扩建工程（3、4号机组）建造许可证。从申请建造许可证到获得许可证，仅有一年的时间，各种审评文件及相关文件加起来至少有10米厚。其间召开的大的评审会有十次，中间还有无数次的小型协调会。在短短的一年时间里，完成审评工作，充分说明了国家有关部委、中核集团对秦山二期扩建工程的关心和支持。

四、2005年12月30日，中核集团公司向我公司批复了初步设计的审查意见，并抄报国家发改委、国防科工委等国家有关部委，2006年3月14日，中核集团公司将初步设计概算上报国家发改委核批

在申请建造许可证的同时，我们积极开展了初步设计的编写以及初步设计的各专篇——《职业安全专篇》、《职业卫生专篇》、《消防专篇》和《实体保卫专篇》等的审评工作，从2005年5月24日正式启动《消防专篇》和《实体保卫专篇》后，历经半年多的努力，到12月中旬，四个专篇均通过了审查。

2005年1月23日至24日，国家发改委在上海召开的国产化方案和技术改进论证会，会议原则同意扩建工程的四项改进原则和具体改进方案。2005年3月25日，中核集团公司组织各方面专家对扩建工程的重大改进项目进行了审查。审查意见认为，扩建工程的改进符合国家发改委、国防科工委及国家核安全局的相关要求，改进的观点明确，内容翔实。会议同意十项重大技术改进，并要求进一步优化和完善改进方案。概算作为初步设计中的重要组成部分，根据国家发改委下发的核准文件对概算提出的三点要求，即"工程投资总额暂按不超过秦山核电二期工程竣工验收的决算投资额控制，具体造价将结合招标结果和物价上涨因素在扩初设计中另行确定，并报我委核批，上网电价与当地脱硫燃煤火电相比要有竞争力"。在中核集团公司的领导和支持下，我们积极开展了相关工作。2005年8月1日至3日，中核集团公司组织专家组会议，对概算进行审议。12月6日至8日，中核集团公司又召开专家会对扩建工程的初步设计进行审查，会议同意扩建工程的初步设计，并明确投资总额为157.97亿元。2006年2月28日，股东会批准同意扩建工程的投资总额按157.97亿上报国家发改委。2006年3月7日，我公司将股东会批准的初步设计概算上报中核集团公司，3月14日，中核集团公司将初步设计概算上报国家发改委核批。

扩建工程的初步设计中的四个专篇通过了国家有关部门组织的审查，概算也通过了中核集团公司和股东会的审查，初步设计的其他内容通过了中核集团公司的审查。另外，2005年8月17日，扩建工程接入系统方案顺利通过了中国电力工程顾问集团公司组织的专家审查，审查同意扩建工程采用500kV接入系统。因此，工程的初步设计工作基本结束。

五、现场各项工作紧张有序进行

2005年3月29日，秦山核电二期扩建工程开工前准备工作会在我公司召开。中核集团公司副总经理王寿君、顾问赵宏，中核建设集团公司副总经理吕华祥等出席会议，扩建工程的设计、施工、监理和业主方面的代表参加了会议，会议对制约工程开工的各种客观因素进行了深入分析和讨论，最后，中核集团公司核电部主任陈桦传达了集团公司的决定：秦山核电二期扩建工程3号机组核岛底板浇灌第一罐硅（FCD）的日期为2006年3月25日。

2005年4月27日，公司审查发布了《扩建工程FCD前综合进度计划》，对工程开工前的现场负挖、施工、设备采购和施工图提交等各项进度进行了综合要求和安排。

5月19日，我公司邀请相关单位和有关专家在嘉兴召开了扩建工程二级网络进度计划评审会，会议原则同意了我公司提交的二级网络进度计划，但在细节部分需作适当修改。6月16日，经过修改、补充和完善后，《秦山核电二期扩建工程二级网络进度计划》正式发布实行。2005年8月23日，在对工程零点（FCD）前要开展的工作进行了深入分析研究后，我公司发布了FCD前主要工作安排，对开工前的主要工作进行了部署。开工前主要完成的工作有：

设计管理方面。扩建工程的设计管理工作主要围绕建造许可证申领、施工图设计、设备采购技术规格书、设计咨询等方面展开。根据发布的《设计三级进度计划》，重点与设计院进行协调，督促按计划出图。虽然设计合同到现在仍未签订，但在中核集团公司及核电部的协调下，设计工作一直在按计划进行，能保证现场施工、设备采购以及各项评审的要求。目前，主厂房的土建图已提供到±0.0m，图纸储量达到30%,接近国际上核电站开工前图纸储备的水平。另外，设计咨询、电源接入系统设计等工作也全面启动。

设备采购方面。我们严格按照国家发改委在1月23日至24日在上海召开的国产化方案和技术改进论证会的要求，做好设备采购工作。在会议中，国家发改委认为，"为使国内设备厂家尽快掌握主要设备的设计和制造技术，实现国家核电自主化领导小组确定的70%的工作目标，会议原则同意秦山核电二期上报的国产化方案，国内设备32项，国外设备20项"。会后，我们严格按照会议精神开展设备采购工作。2005年6月17日，扩建工程的第一个和第二个设备订货合同——堆内构件和控制棒驱动机构设备订货合同在我公司签订，到2006年2月底，共签订设备合同76项，金额32亿余元，其中国内设备59项，金额20.7亿元，占总额的65%；国外设备19项，金额1.4亿美元，占总额的35%（其中蒸发器、压力容器均分为国内、外两家供货方）。压力容器、蒸汽发生器、汽轮机、发电机等影响工程进度的关键设备均已签约。通过招投标，我们的设备投资得到了较好控制。

合同签订方面。在项目原则经国家核电自主化领导小组同意后，我们及时开展了设计、土建、安装和工程监理四大合同的谈判工作。经过招投标，2005年11月9日土建、安装、监理三项合同签字仪式在北京举行。设计合同的技术条款已基本达成一致，目前正在进行商务谈判。2006年3月17日，扩建工程建安一切险保险服务协议在杭州签订。2005年9月29日，我公司向中国建设银行等五家银行发出了扩建工程融资招标书，经过几轮澄清，目前正在与各家银行进行谈判，以最终确定融资银行。

现场施工方面。2004年7月8日，扩建工程的现场负挖工作正式开始。2005年3月24日，3、4号机组核岛基坑于顺利通过国家核安全局见证检查并通过验收，标志着3、4号机组核岛基坑负挖工作全部结束，12月底，整个主厂房负挖工作结束。目前，现场各开工子项施工正常，质量与进度均处于受控状态，部分子项较计划有所提前，发展趋势较好。3号核岛完成了垫层、防水、廊道地板等的施工，底板的A、B层混凝土也已浇灌完成，正在准备C层混凝土的施工；3号、4号常规岛底板下循环水管沟玻璃钢管已安装完，正在进行钢筋绑扎；4号核岛硅垫层施工完成，地下防水施工已启动；现场沟道施工完成总量的83%，联合泵房的负挖工作已经结束，正在进行施工准备。

六、关注与展望

秦山核电二期扩建工程从2003年4月3日启动以来，在短短的一年时间里，就得到了国务院的认可，又经过了一年半的时间，得到了国务院的核准。秦山核电二期扩建工程也是2004年7月国家投资管理体制改革以后，首个国务院核准的核电项目，她的成功核准，对后续核电项目的核准具有参考意义。

在项目核准后，现场围绕工程开工的各项工作紧张有序地进行，不论是设计进度、设备采购进度还是现场的施工，均满足国家发改委和中核集团公司对工程2006年3月底开工的要求。

因此，在党中央、国务院的直接关心、支持下，在国家发改委、国家环保总局、国家核安全局等国家有关部委的支持下，在中核集团公司及董事会的正确领导下，工程开工的各项准备工作已经就绪，工程即将开工。

在欢欣鼓舞的同时，我们也应看到扩建工程将面临的挑战，我公司作为1、2号机组和扩建工程的业主，既要确保1、2号机组的安全稳定运行，又要确保扩建工程的按期高质量建设。因此，在扩建工程的下一步建设中，在做好"质量、投资、进度"控制时，要对一些环节给予特别的关注。

首先，要继续关注图纸。需要注意的是，在1、2号机组开工时，我们的图纸储量严重不足，现场经常发生等图施工的窘境。目前，扩建工程的图纸储量为30%，基本达到国际了上对核电站开工的图纸储量要求，基本满足六个月的施工裕量，这是扩建工程比1、2号机组最大的优势。但是，随着国家大规模核电建设的开始，设计院的人力会出现紧张的局面。因此，我们仍要着重抓好设计管理工作。

其次，要重点关注设备制造的进度和质量。虽然主要设备已经签约，但主要设备的制造进度和质量仍需引起我们的最高度关注。当时，在1、2号机组建设过程中，由于2号压力容器的制造严重拖期，极大地掩盖了其他设备的制造拖期，如汽轮机制造实际拖期7个月，发电机制造拖期7个月，但由于这些设备拖期隐藏在压力容器制造拖期的背后，未引起高度重视。扩建工程的设备国产化率由1、2号机组的55%提高到70%，工期又压缩到60个月，且设备的制造周期又非常紧张。因此，设备绝不能出一点差错，设备的质量、进度必须引起我们的最高度重视。当然，核电站的建设作为一项宏伟的工程，每一项工作都非常重要，都应引起特别的关注。但是，以上两项事情应该成为我们关注的重中之重。

展望未来，在2011年左右，扩建工程建成投产后，秦山二期将拥有四台65万千瓦核电机组，年发电能力约为180亿到200亿千瓦时。届时，秦山第二核电厂将为华东地区经济的腾飞，为我国的能源安全，为全面建设小康社会注入更强劲的动力，也必将为增强中国核工业集团公司的实力，为我国自主发展核电做出应有的贡献。

我们预祝秦山核电二期扩建工程顺利建成，成为国产化核电发展大提速的奠基之作。

2006年3月

立足自主创新　实现核电可持续发展

　　我国政府部门提出到2020年我国核电装机容量将力争达到4000万千瓦。为了实现这一目标，做到"起好步、不停步"，以及为2020年后核电的发展奠定基础，必须立足于自主创新，实现核电的可持续发展。

一、引进第三代核电技术面临谈判、建成后的考验验证，不可能成为2020年前的主力堆型

　　第三代核电技术由于其固有的安全性而备受业界推崇。但目前世界范围内采用第三代压水堆技术在建的核电站仅有一座，即2005年9月在芬兰开工、采用法国EPR技术的奥尔基洛托核电站。第三代核电站性能到底如何，需经过全套的工程实践及验证。同时，核电技术属于具有战略意义的高技术，发达国家正逐步加大对其技术出口的限制。因此，引进第三代核电技术既面临首堆的技术风险，又面临政治风险。

　　在芬兰开工的EPR机组单位造价为2300欧元／千瓦。我国正向国际招标的第三代核电机组的价格虽尚未确定，但相信不会有

大幅度降低。如此高的单位造价必然形成较高的上网电价。如果大量引进，国家难以给予更多政策上的支持。

基于上述原因，目前不宜大量建造第三代技术的核电站。

二、为增强核电发展的自主创新能力，近期应尽量多地建设CNP600型核电机组

立足于自主创新，通过自主设计、自主建造、自主管理和自主运营，我国成功地设计和建造了秦山核电二期工程，并在此基础上创立了我国CNP600这个具有自主知识产权的核电品牌。2004年，《秦山600MWe核电站设计与建造》成果荣获国家科技进步一等奖。2005年，国防科工委组织的秦山二期工程竣工验收结论认为，"吸取了在役核电站的经验，在设计、建造、调试等方面实施了多项重大技术改进与创新，提高了电站的安全水平、技术性能和运行可靠性，电站总体性能达到了20世纪90年代国际同类核电站的先进水平"。

秦山二期核电机组，单位造价为1330美元／千瓦，上网电价为0.414元／千瓦时，是国内所有核电站中最低的。2005年，两台机组的平均负荷因子为89％，能力因子为86.7％，达到了国际核电站2004年的中值水平。

CNP600品牌的成功创立，不仅使我们掌握了第二代核电的核心技术，使我国成为具备自主设计建造大型商用核电站能力的国家之一，而且增强了自主发展百万千瓦大型核电站的信心，并

得到社会各界的认同。秦山核电二期扩建工程经国务院核准，将于2006年4月开工建设。扩建工程将对CNP600进行进一步优化，进行以"十大技术改进"为主的数百项技术改进，建造周期由72个月缩短到60个月，设备国产化率由55％提高到70％，设计负荷因子由65％提高到75％，电价与当地脱硫火电相比更具有竞争性。

由于CNP600技术成熟，在场址条件具备后即可开工建设，因此，近期可尽量多地建设一些CNP600技术的核电站，这样既可以对CNP600进行进一步优化，增强自主创新能力，又可以弥补这几年核电开工量的不足，有助于4000万千瓦目标的实现。同时也可以考虑在内陆建造60万千瓦的核电机组。

M310是法国的技术，通过大亚湾引进，再经过岭澳的提高，技术成熟，运行业绩好，适量对其翻版，有利于4000万千瓦目标的实现。

三、立足于自主创新，加快CNP1000/1500的评审和审批，并尽快开工建设

CNP600虽具有良好的安全性和经济性，但由于机组容量较小，对厂址有一定的浪费，因此不大可能成为今后核电发展的主流。中核集团公司在成功开发研制出CNP300、CNP600后，又立足自主创新，开发研制二代改进型、百万千瓦级的CNP1000/CNP1500。该技术与国内外同类核电站相比，具有更高的安全性

和经济性。目前，CNP1000已完成初步设计，并通过了核安全中心的预评审。其预评审结论认为："CNP1000在安全方面的考虑更加全面和周到，可以应用于工程实践，是符合中国现实和实际的，在技术上是可行的。"

CNP1000和CNP1500分别由中核集团公司下属的上海核工程研究设计院和核工业第二研究设计院为主研究设计。上海核工程研究设计院是我国首座核电站——秦山一期30万千瓦核电站的设计单位，该核电站的成功设计和建造，使我国成为世界上第七个能自主设计建造首座核电站的国家。建成后，机组运行状态良好，创造了连续运行448天的良好业绩。在秦山一期投产后，又以上海核工程研究设计院为主设计了出口巴基斯坦的两台30万千瓦核电站，首台机组于2000年9月投入商业运行，第二台机组也已于2005年12月正式开工建设。而核工业第二研究设计院是秦山核电二期工程和扩建工程以及岭澳核电二期工程的三座核电站的总承包院。秦山一期、二期及巴基斯坦恰希玛核电站的成功运行充分说明了我国已具备设计大型核电站的能力。

为了实现2020年核电装机达到4000万千瓦的奋斗目标，应加快对CNP1000/1500设计的审评工作，并尽快确定厂址开工建设。这样，既有助于2020年建成4000万千瓦核电目标的实现，又能为2020年后核电的可持续发展奠定坚实的基础。

（原载于《中国核工业》2006年第3期）

自主创新 创立国产化品牌

中核集团秦山核电二期工程是我国首座国产化商用核电站，装机容量为两台60万千瓦压水堆机组，安全运行综合指标已接近及达到国际中值水平，标志着我国自主建造核电站实现了从原型堆向商用堆的重大跨越，充分说明了我国已具备了自主设计、自主建造、自主管理大型核电站的能力。坚持自主创新，秦山核电二期工程创立了CNP600这个具有自主知识产权的核电品牌。

CNP600核电品牌的成功创立和实践，使中国掌握了第二代核电站的核心技术，增强了我国自主发展百万千瓦级大型核电站的信心。采用CNP600技术的秦山核电二期扩建工程于2006年4月初开工建设。在该工程中，核电秦山联营有限公司将对CNP600进行进一步优化。在技术上将紧密跟踪当今世界核电发展方向。在国产化方面，设备国产化率将由1号、2号机组的55%提高到70%，在1号、2号机组压力容器、蒸汽发生器等关键设备国产化的基础上，堆内构件、环吊等设备将实现国产。

CNP600核电品牌，在秦山核电二期扩建工程中将得到进一步深化，其安全性、良好的经济性将得到进一步提高。因此，近期应发展一些CNP600技术的核电站，这样有助于增强我国核电发展的自主创新能力，又可以弥补这两年核电开工量的不足，有助于实现我国核电2020年装机目标。

不过，CNP600虽有良好的安全性和经济性，但由于机组容量小，对厂址有一定的浪费，因此，不可能成为今后核电发展的方向。中核集团目前已立足自主创新，开发研制二代改进型、百万千瓦级的CNP1000核电机组。该技术与国内外同类核电站相比，具有更高的安全性和经济性。目前，CNP1000已完成初步设计，并通过了核安全中心的预评审。结论为：CNP1000在安全方面的考虑更加全面和周到，可以应用于工程实践，是符合中国现实和实际的，在技术上是可行的。

通过CNP系列核电的发展，坚持自主创新，树立和强化品牌战略，中国既能完成2020年的核电发展目标，又能切实掌握第三代核电技术，为2020年之后的核电发展奠定坚实基础。

（原载于《中国核工业报》2006年4月4日）

铸造光荣　承续梦想　坚定不移开拓核电国产化之路

——中核集团核电秦山联营有限公司发展之路

2006年4月28日，美丽的杭州湾畔，风和日丽，彩旗飘扬，鼓乐齐鸣，一派喜庆气象，中核集团秦山核电二期工程国家竣工验收暨扩建工程开工仪式在秦山第二核电厂隆重举行。随着中共中央政治局委员、国务院副总理曾培炎亲自启动布料机按钮，隆隆的机器声又一次在宁静的杭州湾响起，强劲的混凝土流注入反应堆底板，这标志着作为我国"十一五"期间首个核电项目，秦山二期核电站扩建工程正式开工。

为祝贺秦山核电二期工程（1号、2号机组）通过国家竣工验收暨扩建工程（3号、4号机组）开工，中共中央政治局常委、全国人大常委会委员长吴邦国，中共中央政治局常委、国务院总理温家宝，中共中央政治局常委、国家副主席曾庆红分别作出重要批示，向广大建设者表示祝贺，强调中国发展核电一定要走自主创新的道路。吴邦国在批示中指出，中国发展核电关键是提高自主创新能力，掌握核心技术，培养高端技术管理人才。温家宝在批示中说，秦山二期工程，坚持自主设计和创新，取得多项重大技术成果，走出了一条我国核电自主发展的路子。他向核电战线广大干部职工表示祝贺，并希望他们认真总结经验，继续努力，圆满完成扩建工程，为我国核电自主化发展做出新贡献。曾庆红在批示中祝贺我国核电自主化发展取得的突出成绩，他希望同志们坚持自主创新、加快核电发展，为全面建设小康社会做出新的贡献。

一、秦山核电二期四台机组，是中国核电的摇篮——中国秦山核电基地的重要组成部分

秦山，位于美丽的杭嘉湖平原，浙江省海盐县杭州湾钱塘江入海口，因秦始皇"登以观东海"而得名，山上郁郁葱葱，鸥鸟栖飞。1991年12月15日，秦山核电站（一期）并网发电成功，从此，我国成为继美、英、法、苏联等国之后，第七个拥有完整核电技术的国家，秦山再一次扬名世界，同时也成为中国核电的摇篮。

秦山，是中国自主建造核电站的发祥地。20世纪80年代初，秦山开始建造我国大陆第一座核电站——秦山核电站，从此，中国核电从这里起步。目前，中核集团秦山核电基地建成的装机容量为310万千瓦，在建130万千瓦，拟建200万千瓦，建成后总装机容量为640万千瓦。其中，秦山核电一期（建成30万千瓦，拟建200万千瓦）、秦山核电二期（1号、2号机组建成130万千瓦，3号、4号机组在建130万千瓦）、秦山核电三期（建成140万千瓦）。

作为秦山核电二期（260万千瓦装机容量）的业主，核电秦山联营有限公司是中核集团公司的重要骨干企业，在中核集团公司的领导下，既负责秦山核电二期1号、2号机组的建设和运营，又负责秦山核电二期3号、4号机组（扩建工程）的建设。1号、2号机组是"九五"期间开工的唯一的国产化项目，也是我国自主设计、自主建造、自主管理和自主运营的第一座国产化商用核电站，它的成功建设，走出了一条适合我国国情、逐步掌握自主知识产权的核电发展道路。同样，扩建工程也是国家重点工程，作为"十一五"开工的首个核电项目，它的开工建设对我国后续核电项目的建设也具有重要的示范意义。

二、勇担重任、铸造光荣，"九五"开工的唯一国产化核电项目——秦山核电二期1号、2号机组全面建成投产，实现了我国自主建设核电站由原型堆向商用堆的重大跨越

秦山第二核电厂是继秦山一期、大亚湾核电站投产后，由我国自主设计、自主建造、自主管理和自主运营的第一座国产化商用核电站，该电站设计装机容量为两台65万千瓦压水堆核电机组，并预留两台机组扩建场地，电站设计寿命为40年，工程总投资约148亿元。

1996年6月2日，1号机组浇灌第一罐混凝土，标志着秦山核电二期工程正式开工。由于是同期建设项目中国产化程度最高、比投资最低、利用国内资源最充分、遇到问题最多的项目，工程开工后，在工程建设中出现了大量问题，在中核集团公司及历届董事会的正确领导下，通过核电秦山联营有限公司全体职工的共同努力，两台机组先后于2002年4月15日和2004年5月3日投入商业运行。秦山核电二期工程的全面建成投产，是继秦山一期30万千瓦原型堆核电站实现核电"零"的突破后，我国在自主建设商用核电站上实现了新的重大跨越，走出了一条适合国情、逐步掌握自主知识产权的核电发展道路，标志着我国核电事业发展进入了一个新的历史阶段。正如温家宝总理在批示中说，秦山二期工程，坚持自主设计和创新，取得多项重大技术成果，走出了一条我国核电自主发展的路子。

在中核集团公司的领导下，核电秦山联营有限公司建立了"董事会领导下的总经理负责制，招投标制和工程监理制"的管理模式，成功地进行了进度、质量和投资三大控制。在进度控制上，1号机组比计划提前47天投入商业运行；在质量控制上，从两台机组1345项调试试验结果和运行情况看，设计是合理的，工程建设质量是好的，两台机组的设备国产化率达到了55%，设备运行稳定、可靠，电站整体性能良好；在投资控制上，建成价比国家批准的概算节省约6.5亿元，创造了单位千瓦造价最低的纪录。

机组投入商运后，创造了良好的运行业绩，为国产化核电争了光，也消除了世人对国产核电的疑虑。从2002年到2006年，两台机组共发电270亿千瓦时，运行稳定性逐步提高，两台机组的负荷因子呈逐年提高趋势，大修时间逐步缩短，年非计划停机停堆次数逐步降低。

1号机组2002年到2004年，负荷因子分别达到74.9%、81.2%和82.7%。2005年，1号、2号机组的负荷因子分别为92.8%和85.2%，两台机组的平均负荷因子为89%，超过世界核电运营者协会（WANO）统计的2004年核电机组负荷因子的中值水平。根据WANO统计，2004年全球441台运行核电机组按照负荷因子由高到低排序，第221台核电机组的负荷因子为87%，这即为2004年核电站的中值水平。2006年，2号机组的负荷因子为90.3%，综合性能指标在WANO中排名第57位。作为我国首座国产化的商用核电站，投用短短几年后，综合性能指标达到国际先进水平，是非常难能可贵的，这也充分证明我国自主设计、自主建造、自主管理和自主运营的秦山核电二期1号、2号机组是成功的。

三、开拓进取，承续梦想，"十一五"开工的首个核电项目——秦山核电二期扩建工程正式开工，对推动我国后续核电项目自主化建设具有重要的示范意义

2002年，1号机组投入运行后，核电秦山联营有限公司开始启动秦山核电二期扩建工程（3号、4号机组）的立项申请工作。

由于国家整体经济形势的蓬勃发展和国家电力形势的紧张，国家制定了到2020年核电建成装机容量达到4000万千瓦，占全国电力总装机容量的4%这样一个宏伟目标。同时，也由于秦山核电二期工程1号、2号机组的成功建造也引起了社会各界对自主建设核电站的关注和肯定。因此，在这样的大好形势下，扩建工程的立项工作进展顺利。2004年3月，国务院核电自主化领导小组同意启动扩建工程，2004年9月，原则同意扩建工程立项。2005年7月26日，国务院常务会议同意扩建工程立项，2005年10月17日，国家发展改革委下发了扩建工程项目核准文件。

秦山核电二期扩建工程遵照国务院制定的"以我为主、中外合作"的建设方针，按照"翻版加改进"的原则进行建设，采用中核集团公司的CNP600技术，参考电站是已建成的秦山核电二期1号、2号机组，系统主参数与1号、2号机组一致，但在机组性能和安全性方面有所提高，装机容量为两台65万千瓦核电机组，设计负荷因子由65%提高到75%，设备国产化比例也从1号、2号机组的55%提高到70%，工期由1号、2号机组的6年缩短至5年。

扩建工程立项后，核电秦山联营有限公司切实开展了大量工作，2005年11月和2006年4月，扩建工程土建、安装、监理合同和设计合同先后签订，这标志着扩建工程四大合同在开工前签署完毕；2006年6月，总额为130亿元人民币的融资合同签订；到2006年底，共签订压力容器、蒸汽发生器、汽轮机、发电机等主要设备合同168项，关键设备均已订货，设备制造的前期工程也基本正常。

2006年4月28日和2007年1月28日，扩建工程3号、4号机组先后开工，这标志着扩建工程已进入全面施工阶段。从目前情况来看，扩建工程的质量、进度、投资和安全等各项指标处于受控状态，各项工作进展顺利。

作为我国"十一五"时期开工建设的第一个核电自主化项目，秦山核电二期扩建工程的开工建设得到中核集团公司的充分肯定，中核集团公司在扩建工程的开工贺信中表述了扩建工程的重要意义：扩建工程的开工，不仅是我国核电建设规模的扩大，而且对于进一步提高核电技术创新能力，促进核电产业的自主化、国产化发展，都具有十分重要的现实意义，同时，1号、2号机组顺利通过国家竣工验收，扩建工程同时开工，标志着我国自主设计的大型商用核电站技术CNP600已经成熟，实现了核电自主化的重大跨越，具备了批量建设的条件和能力，对推动我国后续核电项目自主化建设具有重要意义。

四、光荣与梦想同在，在中国核电发展史上，秦山核电二期开创的核电国产化之路正在续写浓墨重彩的光辉篇章

秦山二期不仅在工程进度、生产运行方面创造了辉煌，在其他方面也取得了良好业绩。2003年，公司获得中华全国总工会颁发的"全国五一劳动奖状"；2003年和2004年，《秦山600MWe核电站设计和建造》先后荣获国防科学技术奖一等奖和国家科技进步一等奖；公司职工生活小区连续多年被评为海盐县和嘉兴市文明小区、平安小区、绿色小区，2003年被评为浙江省文明社区，2004年被评为全国绿色社区。2006年，公司荣获省级文明单位。

总之，在党中央、国务院的关心下，在国家有关部委和地方政府的支持下，在中国核工业集团公司及董事会的正确领导下，核电秦山联营有限公司锐意进取，勇担重任，铸造光荣，全面建成了我国第一座国产化核电站——秦山核电二期1号、2号机组，实现了我国自主建设核电站由原型堆向商用堆的重大跨越，开拓了国产化核电发展之路；而今，作为"十一五"开工的首个核电项目，秦山核电二期扩建工程（3号、4号机组）又承续梦想，继续走国产化核电之路。我们相信，有了1号、2号机组的经验，3号、4号机组一定能够比1号、2号机组建得更好。可以想象，在2012年3号、4号机组建成后，秦山第二核电厂总装机容量将达到260万千瓦，年发电180亿—200亿千瓦时，将成为华东地区一个重要的电力生产基地，作为核电国产化的实践者，中核集团核电秦山联营有限公司正努力在"核电国产化发展之路"续写浓墨重彩的光辉篇章。

2006年4月

秦山二核——中国核电国产化的骄傲

2006年4月28日，秦山核电二期工程国家验收委员会宣布秦山核电二期工程通过国家竣工验收，这标志着秦山核电二期工程历经二十年的艰苦筹备和建设，终于画上了一个圆满的句号。

秦山核电二期工程从1986年1月国务院常务会议决定建设开始，到通过国家竣工验收，历经整整二十年。作为我国首座国产化商用核电站，由于外部环境的变化和客观条件的限制，遇到过很多困难与问题。在工程前期，国际风云的变幻、设备采购模式的变化、设计标准的调整，还有资金筹措的困难，项目几近夭折。工程图纸在储量严重不足的情况下开工后，工程进度严重滞后，随后又出现了2号压力容器制造严重拖期的被动局面；2号压力容器安装后，又发现了制造焊缝质量缺陷问题。因此，我们可以说，秦山二期的筹备和建设过程随时面临工程的颠覆性问题，是在极为困难中走过来的。但是，我们自始至终得到了党中央、国务院的关怀和支持，得到了核工业几代领导和历届董事会矢志不渝的支持，也得到了各承建单位、设计院、设备制造厂的大力支持，同时，历届总经理部和广大员工也付出了辛勤劳动。

同时，核电站是一个综合项目，涉及范围广，技术要求高，建设周期长。秦山二期的主要参建单位包括三个设计院1000多名工程设计研究人员，施工单位数千名工程技术人员和几万名工人，监理公司上百名管理人员，几十个主要设备制造厂上千名职工、业主单位近千名工程管理和生产运行调试人员，以及其他许许多多配合单位的上万名员工。在这个大协作过程中，核电建设者大力发扬"两弹一星"精神，以为国争光，为核电国产化事业做贡献的坚定信念，团结协作、勇于拼搏，不畏酷暑、不畏严寒，克服重重困难，终于圆满完成了秦山二期的建成任务。因此，我们说，秦山核电二期工程的全面建成投产，是全体参建单位共同努力的结果，凝聚着所有参建单位的智慧、心血和汗水。

秦山核电二期工程的建设成功，是国务院为我们制定的"以我为主、中外合作"建设方针的成功。在秦山二期工程建设的各个阶段，我们始终按照"以我为主、中外合作"的方针，坚持自主设计、自主建造、自主管理和自主运营的方式组织工程建设，既充分发挥了我国现有科研设计、设备制造、工程建设力量的作用，有利于他们在工程建设的实践中全面提高能力与水平，又可以通过国际合作，获得国外的成熟技术与经验，缩短科研开发周期，使我国的核电建设能尽快与国际标准接轨。

通过"四个自主"，秦山二期成功地实现"质量、投资、进度"三大控制，55项大型关键设备，有47项实现了国产化，综合国产化率达55％；实际投资较概算节省6亿余元，单位千瓦造价为1330美元，远低于国内外同期建造核电站的造价。两台机组投产后，1号机组2003年和2004年的负荷因子分别达到81.2%和

82.2%，接近于国际核电站的中值水平。因此，两台机组良好的建造业绩和运行业绩充分说明了秦山核电二期的设计、建造、管理和运营是成功的，更充分证明了国务院制定的"以我为主、中外合作"建设方针的正确性。

2006年

为民族核电的发展贡献力量

经过国家竣工验收委员会成员的辛勤工作，秦山核电二期工程即将通过国家竣工验收，这标志着秦山核电二期工程的建设画上了一个圆满句号。

秦山核电二期工程是我国首座国产化商用核电站，装机容量为两台60万千瓦压水堆核电机组，建设工期72个月，工程总投资计划为148.27亿元人民币，电站设计寿命为40年。工程按照国务院制定的"以我为主、中外合作"方针，通过自主的方式进行建设。1987年11月工程立项，1996年6月2日1号机组正式开工，2002年4月15日和2004年5月3日1号、2号机组先后投入商业运行。工程的全面建成投产标志着我国自主建造大型核电站实现了从原型堆向商用堆的重大跨越。

通过自主设计、自主建造、自主管理和自主运营，秦山二期成功地实现"质量、投资、进度"三大控制，实际投资144亿元，较概算节省4亿余元，单位千瓦造价为1330美元，远低于国内外同期建造核电站的造价，55项大型关键设备，有47项实现了国产化，两台机组的平均国产化率达到55%。机组投运后，保持了良好的运行业绩。1号机组2003年、2004年、2005年三年的负荷因子为分别为81.2%、82.2%、92.8%，呈逐年提高趋势，并在第四个燃料循环中，创造了316天的最长连续运行天数。2005年，2号机组负荷因子为85.2%，两台机组的平均因子为89%，均无非计划停机停堆，保持了安全稳定运行。

两台机组良好的运行业绩充分说明了秦山核电二期的设计、建造、管理和运营是成功的，也充分证明了我国已具备自主设计、自主建造大型核电站的能力，更充分证明了国务院制定的"以我为主、中外合作"建设方针的正确性。

秦山核电二期工程从1987年11月工程立项，到今天通过国家竣工验收，历经近二十年。作为我国首座国产化商用核电站，由于外部环境的变化和客观条件的限制，曾遇到过很多困难与问题，但是，我们自始至终得到了党中央、国务院的关怀和支持，得到了国家有关部委的支持。胡锦涛、吴邦国、温家宝、曾庆红、李鹏、邹家华、曾培炎等中央领导同志不仅在工程关键时期及时给予重要指示，更多次深入工程现场，鼓舞员工士气，各有关部委和地方政府也积极协调帮助解决相关问题。

我们深深体会到，秦山核电二期工程的成功建设和顺利投产归功于核工业几代领导和各股东单位的正确领导和矢志不渝的支持，归功于各承建单位、设计院、设备制造厂的良好协作，归功于公司历届董事会、历届总经理部班子的努力工作和广大职工的奋力拼搏。

今天，秦山核电二期工程通过国家验收，这只是工程建设阶段的结束，同时也是新征程的开始，更重要的任务是管理好、运行好这两台机组。我们将继续保持清醒头脑，戒骄戒躁，脚踏实地，严格遵照国家核安全法规，确保两台机组的安全稳定运行，为华东地区的经济发展做出贡献，不辜负上级领导的殷切期望。

今天，我们在庆祝1号、2号机组顺利通过国家竣工验收的同时，也迎来了秦山核电二期扩建工程的开工庆典。秦山二期扩建工程于2005年7月经国务院核准立项，国务院对扩建工程的总要求是："全面掌握改进型第二代压水堆核电站的工程设备和设备制造技术，促进核电产业的自主化，并为第三代核电技术自主化工作打下基础。"今天，工程正式开工，下一步，我们将严格按照国务院的要求，坚持"以我为主、中外合作"的方针，全面落实核电国产化方案，吸取1号、2号机组建设中的经验和教训，为新一轮核电站"开好局、起好步"，我们一定要在中国核工业集团公司各董事会的领导下，把3号、4号机组建设得更好，为中国核工业集团公司CNP系列核电站增光添彩。

（原文刊载于《中国核工业报》总第772期，
2006年4月30日）

倾力打造CNP600国产化核电品牌

——秦山核电二期扩建工程前期工作回顾

经国务院批准，秦山核电二期扩建工程已于2006年4月28日正式开工建设。这是我国"十一五"期间开工的第一个核电项目，也是中核集团公司推进核电国产化迈出的重要一步。

扩建工程的厂址位于秦山核电二期1号、2号机组以西300米处，采用中核集团公司的CNP600技术，参考秦山核电二期工程1号、2号机组，建设两台650兆瓦压水堆核电机组，设计寿命40年，建设周期60个月，两台机组计划分别于2011年初和年底建成投产。

一、2003年4月3日，秦山核电二期扩建工程启动，2004年3月22日，国务院原则同意扩建工程立项。

秦山核电二期1号机组投入商业运行后，我们在做好1号机组生产运行、2号机组调试的同时，即着手考虑3号、4号机组的建设。2003年1月20日，国务院召开办公会议，对能源发展进行专题讨论。之后，国家发改委又召开会议，提出了到2020年建成3200万千瓦核电装机容量的目标。

在这样的背景下，2003年4月3日，根据中核集团公司的精神，我们召开了"探讨秦山核电二期扩建的前期准备"专题会议，主要围绕3号、4号机组容量是60万千瓦还是100万千瓦进行讨论。最后，通过分析，形成了扩建60万千瓦机组的主导意见。60万千瓦核电机组的优势在于，具有较高的安全性，符合国际上发展先进核电站的趋势；具有较低的比投资和上网电价，具有较强的市场竞争力。同时，建60万千瓦机组可以形成群堆优势，有利于降低造价和运行管理成本，还可以将具有自主知识产权的CNP600进一步优化和发展。这是核电秦山联营有限公司按照中核集团公司的要求，关于扩建工程召开的第一次会议。会议勾勒出了扩建工程的初步轮廓，扩建工程开始启动。

2003年5月7日，秦山二核又召开会议讨论扩建工程事宜。经过两次由浅入深的讨论，对60万千瓦的突出特点更加明确：投资小、工期短、见效快、效益高。第二次会议决定扩建工程建设60万千瓦机组。会后，我们将讨论结果和下一步工作思路向中核集团公司、董事会进行了汇报，得到了中核集团公司及董事会的大力支持。随后，秦山二核根据安排开始扩建工程项目建议书的编制、上报工作。

2003年11月14日，秦山二核与核工业第二研究设计院召开了秦山二期扩建3号、4号机组专题会议，就项目建议书的分工进行了明确，并要求工作加快进行。11月29日，秦山二核召开专题会，对项目建议书的编制工作进行重点部署。

2003年底和2004年初，中核集团公司领导在北京多次听取了我们的专题汇报，均坚决支持扩建工程上60万千瓦机组，这给了我们极大的信心；同时，就编制项目建议书的重点和注意事项等，提出了许多指导性的意见，为扩建工程的后续工作指明了方向。

与此同时，中核集团公司先后组织召开了几次会议，对项目建议书进行了审核、修改、完善。2004年3月初，经过多次审评和修改，我们向中核集团公司上报了最终项目建议书。

2004年3月22日，国务院副总理曾培炎主持会议专题研究核电发展。会议决定："原则同意尽快启动秦山二期3号、4号两台65万千瓦机组，请发改委将项目建议书按程序尽快上报国务院。"这表明，国务院原则同意扩建工程立项。在不到一年的时间，作为国家重点工程，在如此短的时间，就得到了国家的同意，这充分说明了国家对CNP600的认可，对秦山核电二期工程的认可。

二、2004年3月23日，中核集团公司向国家发改委上报了《秦山核电二期扩建工程项目建议书的请示》，2004年5月17—20日，受国家发改委委托，中国国际工程咨询公司在杭州组织了扩建工程项目建议书的评估会。

2004年1—8月，中国建设银行、中核财务有限责任公司、中国银行、中国工商银行、国家开发银行、中国农业分行等六家金融机构先后向扩建工程出具了贷款意向书。2004年6月18日，扩建工程出资方股东会议在北京召开，各股东方就出资比例进行充分协商，并对秦山核电二期扩建工程的出资比例达成一致。

2004年9月2日，国家核电自主化领导小组召开会议，会议"同意浙江秦山二期扩建工程的建议书，请项目业主开展可行性研究，尽快完成环保、核安全、土地和海域等方面的审批工作报国务院核准"。

根据此要求，秦山二核加紧开展工作，在获得环保、核安全、土地和海域方面的审批文件后，10月27日正式向中核集团上报了《秦山核电二期核电站扩建工程可行性研究报告的请示》。中核集团公司又组织有关专家，对可研报告进行审核、修改。2004年12月15日，中核集团公司将可研报告正式上报国家发改委。

2005年1月27日，浙江省发改委向国家发展改革委上报了秦山核电二期扩建工程项目建议的请示。

2005年1月23—24日，国家发改委副主任张国宝在上海召开秦山核电二期扩建工程技术改进及设备国产化方案论证会。国防科工委、国家环保总局、中核集团、中国机械工业联合会及中广核集团、国家核电自主化专家组等部门的领导参加了会议。会议认为，秦山核电二期扩建工程采用"翻版加改进"的技术方案符合国家核电自主化领导小组2004年3月22日会议确定的"不停步，不踏步，向前走"的原则，原则同意四项改进原则和改进方案，原则同意设备自主化方案。

2005年7月26日，国务院常务会议同意扩建工程立项，2005年10月17日，国家发改委下发了扩建工程项目核准文件。这标志着扩建工程的立项申请工作圆满完成，也宣告了我国通过国家核准程序的国产化比率最高的核电项目的诞生。

2006年1月24日，国家核安全局批准秦山核电二期扩建工程建造许可证。

2004年12月17日，秦山二核正式向国家核安全局提交了秦山核电二期扩建工程《核电厂建造许可证申请书》。根据核电厂建造管理规定，电站正式开工前，必须获得国家核安全局颁发的建造许可证。而建造许可证的先决条件是必须具有项目核准（批准）文件，而且质量保证大纲（设计与建造阶段）、初步安全分析报告（PSAR）、环境影响报告（设计阶段）等三份主要文件必须获得国家环保总局（国家核安全局）的批准。在上报了建造许可证申请书后，秦山二核围绕此四份文件，及时开展各项审评工作。

2004年7月，《初步安全分析报告》（PSAR）编写工作正式启动，2005年1月，核工业第二研究设计院完成了初稿。经过组织审查，2005年2月5日，秦山二核正式提交国家核安全局审评。从2005年7月21日开始，国家核安全局与秦山二核（包括设计院）共召开了三次较大规模的对话会，从第一次形成工作单311个，到第二次形成工作单63个，再到2005年11月17—18日召开的第三次对话会形成工作单6个，整个审评工作富有成效。

2004年10月13日，秦山二核将《质保大纲（设计建造阶段）》正式提交国家核安全局进行审评。从2005年3月到9月12日，国家核安全局召开了两次较大规模的对话会，并于2005年10月正式批准了质保大纲。

2005年5月16日，秦山二核将《环境影响报告（设计阶段）》提交国家环保总局审评。从2005年7月1日至11月11日，国家环保总局先后召开了两次较大规模的对话会进行审评。

11月28—30日，国家环保总局（国家核安全局）在北京召开了核安全与环境专家委员会第二次会议。通过审议，专家委员会建议国家环保总局（国家核安全局）向秦山二核颁发建造许可证（CP）并批准《环境影响报告书（设计阶段）》。

12月27—28日，国家核安全局组织专家对扩建工程建造开工前的现场准备工作进行了检查。通过检查，国家核安全局认为，秦山核电二期扩建工程已基本具备了进行核岛土建施工的条件，即具备颁发建造许可证的条件。

2006年1月23日，国家环保总局下发了《关于秦山核电二期扩建工程环境影响报告书（设计阶段）审查意见的批复》，正式批复扩建工程的环境影响报告。

三、2006年1月24日，国家核安全局批准秦山核电二期扩建工程（3号、4号机组）建造许可证。

2005年12月30日，中核集团公司向秦山二核批复了初步设计的审查意见，并抄报国家发改委、国防科工委等国家有关部委，2006年3月14日，中核集团公司将初步设计概算上报国家发改委核批。

在申请建造许可证的同时，我们积极开展了初步设计的编写以及初步设计的各专篇——《职业安全专篇》、《职业卫生专篇》、《消防专篇》和《实体保卫专篇》等的审评工作。从2005

年5月24日正式启动《消防专篇》和《实体保卫专篇》后，历经半年多的努力，到12月中旬，四个专篇均通过了审查。

2005年1月23—24日，国家发改委在上海召开国产化方案和技术改进论证会，会议原则同意扩建工程的四项改进原则和具体改进方案。2005年3月25日，中核集团公司组织各方面专家对扩建工程的重大改进项目进行了审查。审查意见认为，扩建工程的改进符合国家发改委、国防科工委及国家核安全局的相关要求，改进的观点明确，内容翔实。会议同意十项重大技术改进，并要求进一步优化和完善改进方案。

概算作为初步设计中的重要组成部分，根据国家发改委下发的核准文件对概算提出的三点要求，即"工程投资总额暂按不超过秦山核电二期工程竣工验收的决算投资额控制，具体造价将结合招标结果和物价上涨因素在扩初设计中另行确定，并报我委核批，上网电价与当地脱硫燃煤火电相比要有竞争力"。在中核集团公司的领导和支持下，我们积极开展了相关工作。2005年8月1—3日，中核集团公司组织专家组会议，对概算进行审议。12月6—8日，中核集团公司又召开专家会对扩建工程的初步设计进行审查，会议同意扩建工程的初步设计，并明确投资总额为157.97亿元。2006年2月28日，股东会批准同意扩建工程的投资总额按157.97亿元上报国家发改委。2006年3月7日，秦山二核将股东会批准的初步设计概算上报中核集团公司，3月14日，中核集团公司将初步设计概算上报国家发改委核批。

2005年8月17日，扩建工程接入系统方案顺利通过了中国电力工程顾问集团公司组织的专家审查，审查同意扩建工程采用500千伏接入系统。至此，工程的初步设计工作基本结束。

秦山核电二期扩建现场各项工作紧张有序推进

2005年2月27日，中核集团公司领导在秦山核电二期现场召开扩建工程现场工作会。会上，在听取了业主和设计院的综合汇报后，参会领导对扩建工程提出了"在新一轮核电发展中再做领头羊"的希望。

2005年3月29日，秦山核电二期扩建工程开工前准备工作会在秦山二核召开。中核集团公司副总经理王寿君、顾问赵宏，中核建设集团公司副总经理吕华祥等出席会议，扩建工程的设计、施工、监理和业主方面的代表参加了会议。会议对制约工程开工的各种客观因素进行了深入分析和讨论，最后决定：秦山核电二期扩建工程3号机组核岛底板浇灌第一罐混凝土（FCD）的日期为2006年一季度。

2005年4月27日，公司审查发布了《扩建工程FCD前综合进度计划》，对工程开工前的现场负挖、施工、设备采购和施工图提交等各项进度进行了综合要求和安排。

5月19日，秦山二核邀请相关单位和有关专家在嘉兴召开了扩建工程二级网络进度计划评审会。会议原则同意了秦山二核提交的二级网络进度计划，但在细节部分需作适当修改。6月16日，经过修改、补充和完善后，《秦山核电二期扩建工程二级网络进度计划》正式发布实行。

2005年8月23日，在对工程零点（FCD）前要开展的工作进行了深入分析研究后，秦山二核发布了FCD前主要工作安排，对开工前的主要工作进行了部署。开工前主要完成的工作包括：

设计管理方面。扩建工程的设计管理工作主要围绕建造许可证申领、施工图设计、设备采购技术规格书、设计咨询等方面展开。根据发布的《设计三级进度计划》，重点与设计院进行协调，督促按计划出图。设计工作一直在按计划进行，能保证现场施工、设备采购以及各项评审的要求。目前，主厂房的土建图已提供到±0.0米，图纸储量达到30%，接近国际上核电站开工前图纸储备的水平。另外，设计咨询、电源接入系统设计等工作也全面启动。

设备采购方面。国家发改委2005年1月23—24日在上海召开国产化方案和技术改进论证会，"为使国内设备厂家尽快掌握主要设备的设计和制造技术，实现国家核电自主化领导小组确定的70%的工作目标，会议原则同意秦山核电二期上报的国产化方案，国内设备32项，国外设备20项"。会后，秦山二核严格按照会议精神开展设备采购工作。2005年6月17日，扩建工程的第一个和第二个设备订货合同——堆内构件和控制棒驱动机构设备订货合同在秦山二核签订。到2006年2月底，共签订设备合同76项，金额32亿余元，其中国内设备59项，金额20.7亿元，占总额的65%；国外设备19项，金额1.4亿美元，占总额的35%。压力容器、蒸汽发生器、汽轮机、发电机等影响工程进度的关键设备均已签约。通过招投标，设备投资得到了较好控制。

合同签订方面。在经国家核电自主化领导小组同意后，秦山二核及时开展了设计、土建、安装和工程监理四大合同的谈判工作。经过招投标，2005年11月9日，土建、安装、监理三项合同签字仪式在北京举行。设计合同于2006年4月23日在北京签订。2006年3月17日，扩建工程建安一切险保险服务协议在杭州签订。2005年9月29日，秦山二核向中国建设银行等五家银行发出了扩建工程融资招标书，经过几轮澄清，目前正在与各家银行进行谈判，以最终确定融资银行。

现场施工方面。2004年7月8日，扩建工程的现场负挖工作正式开始。2005年3月24日，3号、4号机组核岛基坑顺利通过国家核安全局见证检查并通过验收，标志着3号、4号机组核岛基坑负挖工作全部结束，12月底，整个主厂房负挖工作结束。目前，现场各开工子项施工正常，质量与进度均处于受控状态，部分子项较计划有所提前，发展趋势较好。3号核岛完成了垫层、防水、廊道地板等的施工，底板的A、B层混凝土也已浇灌完成，正在准备C层混凝土的施工；3号、4号常规岛底板下循环水管沟玻璃钢管已安装完，正在进行钢筋绑扎；4号核岛混凝土垫层施工完成，地下防水施工已启动；现场沟道施工完成总量的83%，联合泵房的负挖工作已经结束，正在进行施工准备。

为新一轮核电发展贡献力量

秦山核电二期扩建工程从2003年4月3日启动以来，在短短的一年时间里，就得到了国务院的认可，又经过了一年半的时间，得到了国务院的核准。秦山核电二期扩建工程也是2004年7月国家投资管理体制改革以后，首个国务院核准的核电项目。它的成功核准，对后续核电项目的核准具有参考意义。

在项目核准后，现场围绕工程开工的各项工作紧张有序地进行，不论是设计进度、设备采购进度还是现场施工，均满足国家发改委和中核集团公司对工程开工的要求。

因此，在党中央、国务院的直接关心、支持下，在国家发改委、国家环保总局、国家核安全局等有关部委的支持下，在中核集团公司及董事会的正确领导下，工程开工的各项准备工作已经就绪，工程正式开工。

在欢欣鼓舞的同时，我们也应看到扩建工程将面临的挑战。秦山二核作为1号、2号机组和扩建工程的业主，既要确保1号、2号机组的安全稳定运行，又要确保扩建工程的按期高质量建设。因此，在扩建工程的下一步建设中，在做好"质量、投资、进度"控制时，要对一些环节给予特别的关注。

首先，要继续关注图纸。需要注意的是，在1号、2号机组开工时，我们的图纸储量严重不足，现场经常发生等图施工的窘境。目前，扩建工程的图纸储量为30%，基本达到了国际上对核电站开工的图纸储量要求，基本满足6个月的施工裕量，这是扩建工程比1号、2号机组所具有的最大的优势。但是，随着国家大规模核电建设的开始，设计院的人力会出现紧张的局面。因此，我们仍要着重抓好设计管理工作。其次，要重点关注设备制造的进度和质量。虽然主要设备已经签约，但主要设备的制造进度和质量仍需引起我们的高度关注。当时，在1号、2号机组建设过程中，由于2号压力容器的制造严重拖期，掩盖了其他设备的制造拖期，如汽轮机制造实际拖期7个月，发电机制造拖期7个月。扩建工程的设备国产化率由1号、2号机组的55%提高到70%，工期又压缩到60个月，且设备的制造周期又非常紧张。因此，设备的质量、进度必须引起我们的高度重视。

当然，核电站的建设作为一项宏伟的工程，每一项工作都非常重要，都应引起特别的关注。但是，以上两个问题应该成为我们关注的重中之重。

展望未来，在2011年左右，扩建工程建成投产后，秦山二期将拥有四台65万千瓦核电机组，年发电能力约为180亿—200亿千瓦时。届时，秦山第二核电厂将为华东地区经济的腾飞，为我国的能源安全，为全面建设小康社会注入更强劲的动力，也必将为增强中国核工业集团公司的实力，为我国自主发展核电做出应有的贡献。

（原载于《中国核工业》2006年第5期）

核电发展要把握好成熟性和先进性之间的关系

2007年10月，国务院批准颁发了《核电中长期发展规划（2005—2020年）》。规划中明确：到2020年，核电运行装机容量争取达到4000万千瓦，在建1800万千瓦。截至2007年底，建成和在建核电装机容量为1696.8万千瓦，到2020年，需新投产装机容量约2300万千瓦。考虑到核电建设的周期为五年左右，因此在2015年前每年至少需开工3—4台机组，核电发展任务十分艰巨。

为落实核电发展规划，国家有关部委加大了核电审批力度，核电建设速度明显加快。目前正在建设的核电站采用的技术是两个：一是二代改进型技术，即秦山二期的CNP600技术和岭澳的M310技术；二是三代技术，即引进美国西屋公司的AP1000技术和引进法国法马通公司的EPR技术。此外，从"十五"开始，我国还对具有二代改进技术的CNP1000/CNP1500进行了设计、研究和开发。

为更好地实现2020年核电发展目标，并为2020年后核电的可持续发展奠定基础，在目前亟须解决核电装机容量的情况下，应当周全考虑二代改进型技术和三代技术各自的优势和劣势，把握好成熟性和先进性之间的关系，采取适当的策略和步骤，以实现核电建设又好又快又安全的发展。

1. 二代改进型作为当前世界上的普及技术，其技术成熟，安全性好，经济竞争力强，国内已具备相当的经验，发展二代改进型，具有成熟性，目前应批量建设

安全性和经济性是核电持续发展的两个重要条件。根据WANO统计，2006年世界436台运行核电机组，约50台机组为第一代技术，日本柏琦刘羽6号、7号机组为第三代技术（ABWR技术，即先进沸水堆），其他380余台机组均采用二代或二代改进型技术。这些运行的核电站均符合安全法规要求，同时，造价较低，经济性好，因此，从安全性和经济性两个因素讲，具有其成熟性。

目前我国建成和在建的核电机组均为二代或二代改进型技术，正在建设的岭澳二期（M310技术）和秦山核电二期扩建项目（CNP600技术）为二代改进型技术。

岭澳的M310技术，原为法国技术，通过大亚湾核电站引进，经过岭澳核电一期的提高，技术成熟，安全指标好，运行业绩优良。目前已在或将在辽宁红沿河、福建宁德、福建福清、浙江方家山等项目继续实施。

CNP600技术是通过自主设计和建造秦山核电二期工程所创立的，也是我国首个具有自主创新的商用核电品牌。2004年，《秦山600MWe核电站设计与建造》成果荣获国家科技进步一等奖。2005年，国家竣工验收结论认为，"电站总体性能达到了20世纪90年代国际同类核电站的先进水平"。在安全性方面，

部分指标如堆芯热工安全裕量、设计寿命等指标优于同期的二代技术，满足美国URD要求（用户要求文件，其性能指标要求与第三代核电技术标准相当）。2006年，2号机组综合指标位列WANO公布的2005年世界436台核电机组的57位，达到了国际核电站先进水平。2007年，"秦山核电二期工程"荣获国家工业大奖表彰奖。在经济方面，秦山二期1号、2号机组单位千瓦造价是1330美元，是同期建造的核电站中最低的；上网电价是0.393元/千瓦时，是国内所有核电站中最低的，也低于同地区的煤电标杆电价（0.4045元/千瓦时，脱硫0.4195元/千瓦时）。

2006年开工的秦山核电二期扩建工程将对CNP600进一步优化，安全性和经济性将得到进一步提高。优化主要体现在：进行了"十项重大技术改进"为主的上千项技术改进；建造周期由72个月缩短到60个月；设备国产化率由55%提高到70%以上；设计负荷因子由65%提高到75%；电价与脱硫煤电相比更具有竞争力等。

因此，M310和CNP600技术成熟，安全性高，具有良好的经济竞争力，在场址条件具备后即可开工建设，具有很强的成熟性，目前应批量建设。

2. 第三代技术核电站作为世界核电发展方向，安全性在二代改进型的基础上有了一定提高，但面临技术风险以及需要建成后的考验验证，大规模建设应当谨慎

第三代技术由于其固有的安全性而备受业界推崇。其安全性的两个主要指标堆芯熔化率$<1.0 \times 10^{-5}$/堆年，放射性扩散率

<1.0×10⁻⁶/堆年，均高出二代改进型一个数量级，部分系统采用非能动安全设计代替了能动安全设计也增大了其固有安全。经济性方面，三代技术采用的模块化施工方法也会缩短建造时间，从长远来看，待其建造成功并经过考验，技术进一步成熟后，经济性才可能与二代改进型技术相当。

在当前，批量发展第三代核电技术的劣势是显而易见的。第一，建造技术风险。目前世界范围内采用第三代沸水堆技术的建成核电站仅有日本柏崎刈羽核电站6号、7号机组；而在世界范围内，在建的压水堆核电站仅有两个，一是芬兰奥尔基洛托（Olkiluoto）核电站（EPR技术），从2005年9月开工，建设进度目前拖延了近两年；二是2007年12月4日开工的法国弗拉芒维尔（Flamanville）3号机组（也是EPR技术），而目前尚无采用AP1000技术的核电站真正开工建设。AP1000性能到底如何，需经过全套的工程实践及验证。第二，技术转让风险。核电属于具有战略意义的核心技术，发达国家逐步在加大对技术（包括软件和硬件）出口的限制。例如，秦山二期扩建工程主泵由于技术管制的原因，出口许可证迟迟得不到批准；辽宁红沿河四台压力容器的锻件因为同样的原因，交货已至少拖延6个月。对目前成熟技术的管制如此严厉，对先进技术的管制也就可想而知。第三，造价太高，缺乏经济竞争力。芬兰奥尔基洛托核电站和法国弗拉芒维尔3号机组的单位千瓦造价预算分别为2300欧元和2000欧元；目前规划在建的第三代AP1000机组（两台，容量250万千瓦）的保守造价为450亿元人民币，而采用二代改进型M310

机组（四台，容量444万千瓦）的造价预算为490亿元人民币，AP1000机组与M310机组相比，其单位千瓦造价高出60%以上。高造价必然导致较高的上网电价，如果批量建设，国家难以长期、普遍地给予政策支持。而且，存在着建造拖期的可能性，如果拖期严重，则造价还将大幅度上升。

因此，第三代核电技术虽然安全指标更高，符合国际核电发展的趋势，具有良好的先进性，但其建造技术风险、技术转让风险和缺乏经济竞争力等缺点也是显而易见的，因此目前不宜过多的建设。

3. 在当前情况下，应把握好成熟性和先进性之间的关系，将发展二代改进型技术和三代技术有机结合起来，采取两步走的策略，以促进核电的稳定可持续发展

二代改进型技术和三代核电技术各有优缺点，在当前我国亟须调整能源结构，增加核电容量的情况下，为促进核电的稳定发展，应将二代改进型的成熟性和三代的先进性有机结合起来，建议分两步走。

第一步，2015年前，以开工建设二代改进型核电技术核电站为主，辅之以引进开发三代技术核电站。2015年前，我国核电发展的主要矛盾是容量不够。浙江三门和山东海洋AP1000核电站计划于2009年开工，如果一切顺利，2013年至2014年才能建成投产，还应有1—2年的试运行期，因此，在最乐观的预期下，最快在2015年左右，AP1000才能完成工程实践验证和经验积累，形成批量建设的基础。在当前亟须解决容量的情况下，应充分利用二代改进型的优

138

势，以批量发展二代改进型技术核电站为主，解决容量问题，并通过不断的自主创新，为更好地掌握第三代技术奠定基础。而如果将重点放在第三代核电技术上，一旦在建造过程中出现一些重大非预期情况，必将严重影响规划的实现。

在此阶段，还应考虑将二代改进型CNP1000/CNP1500技术应用于工程实践。该技术立足于自主创新，是在国外引进和国内自主开发的CNP600基础上发展起来的，扩大了机组容量，借鉴了第三代核电的部分技术，并吸收了国内外近几年核电发展中的经验，与国内外同类核电站相比，具有更高的安全性和经济性。2006年，CNP1000完成初步设计，并通过了核安全中心的预评审。预评审结论认为："CNP1000在安全方面的考虑更加全面和周到，可以应用于工程实践，是符合中国现实和实际的，技术上是可行的"。因此，应加快对CNP1000/CNP1500设计的审评工作，并尽快安排场址开工建设。这样在增加容量的基础上，又可切实增强自主创新能力。

第二步，2015年后，逐步过渡到以建设第三代技术核电为主，辅之建设二代改进型核电站。在当前条件下，批量建造AP1000机组的风险很大，代价也很高。为掌握技术并为批量化建设奠定基础，在建设浙江三门和山东海洋两个核电项目过程中，应重点解决好三个方面的问题。一是技术的引进和消化，要逐步地、切实地掌握一些核心技术，为将来自主设计建造三代技术核电站掌握主动权，并为自主研制开发更先进的核电技术创造条件，不能永远亦步亦趋。二是要以项目为依托，通过宏观引导和政策扶持等措施，逐步培育和发展特大型设备制造厂，逐步掌握和提高三代核电站的设备自主化能力。三是整套工程经验，包括设计经验、设备制造经验、施工经验、管理经验等的积累和反馈。

2015年左右，三代核电技术经过工程验证并积累经验教训后，再批量建造第三代技术核电站，满足先进性的要求，为更先进的核电技术积累经验。同时，在部分不适合建设三代技术核电站的地区，辅之以二代改进型机组。

这样，通过两步走的策略，既能解决核电容量不足的矛盾，又能跟踪和发展三代核电技术，以确保核电又好又快又安全地发展。

（原文刊载于《中国能源》2008年第30卷第4期）

辑二

会议讲话

成功的喜悦

——在秦山 60 万千瓦国产化核电机组提前投产庆祝大会上的讲话

今天，我们与远道而来的国务院各部委、地方政府、十大军工集团的领导、各兄弟单位的嘉宾欢聚海盐，举行秦山60万千瓦国产化核电机组提前投产庆祝大会，共同庆祝我国核电国产化事业的重大进展。首先，我代表核电秦山联营有限公司总经理部和各参建单位，向在百忙中前来参加大会的各位领导表示热烈的欢迎和衷心的感谢！

秦山核电二期工程经过八年的前期准备，完成了厂址选择、地质勘察、初步设计、土石方开挖和四通一平，于1996年6月2日正式开工，2002年2月6日，实现首次并网，4月15日0：00和4月17日20：00一号机组分别通过核电机组100小时考验（按核电标准）和汽轮发电机组168小时（按火电标准）考验，比计划提前47天投入商业运行。截止到5月31日已累计发电8.8亿千瓦时，提前47天超发电量4.4亿千瓦时。

在大家的共同努力下，经过近六年的拼搏，一号机组的建设取得了成功。在这里，我代表联营公司总经理部和全体职工，向始终给予秦山核电二期工程巨大关怀、支持、帮助的各级领导，向与我们并肩作战、共同奋斗、付出辛勤劳动的各兄弟单位嘉宾表示诚挚的感谢和崇高的敬意！

二期工程在十分艰难的情况下起步，从1987年立项到1996年开工，历时8年。这期间反复论证、咨询，并经历了建60万机组还是建90万机组的争论，考虑到当时国内只具备制造60万千瓦汽轮机的能力，最终决定建60万千瓦。这样将主冷却剂的三个环路改成二个环路，因而给设计增加了相当的难度。同时由于90年代初期国内筹资困难而不得不引入国际信贷来购买部分设备，为了打破独家索要高价的局面，改成套供应为多国采购，因而导致设备接口复杂，设备资料的提供变得困难，对与设备有关的施工图的设计产生了不利影响。由于这些原因，给设计、施工、设备制造、采购及调试等各个环节造成了非常大的困难，但在各参建单位的奋力拼搏下，终于取得了提前47天投入商业运行的成果。

今天我们回顾走过的不平凡的历程，往事历历在目。在工程建设的过程中，我们不会忘记党和国家领导人对秦山核电二期工程的关心、爱护，国务院及国家计委等有关部委领导多次到秦山视察，给予工程许多重大方针政策上的指导；不会忘记国家环保总局、国家核安全局对二期工程严格的监督、积极的支持和热情的帮助；不会忘记国防科工委、中核集团公司领导在工程最困难的时候对秦山二期的客观评价和给予各参建单位的鼓励；不会忘记浙江省、嘉兴市、海盐县等各级党委、政府及浙江人民对秦山核电二期工程的关心、支持和帮助；不会忘记历届董事会、历任董事长和历任总经理对工程的不同阶段所做出的贡献以及秦山基地、一、三期广大干部职工、驻军武警部队对秦山二期的无私协助和支持；更不会忘记各参建单位、各协助单位、各设备制造厂的广大干部职工和联营公司全体员工团结一致，奋力拼搏，克服种种困难，在各自的岗位上为工程所做的默默无闻的奉献。在这里我要感谢所有为秦山核电二期工程建设做出贡献的同志们，工程的历史将永远铭记你们的功绩。

事实证明，"以我为主、中外合作"的建设方针是非常正确的。这一方针贯穿于工程建设的各个阶段，始终指导着各个方面的工作。"以我为主"在实践中体现为"自主设计、自主建造、自主管理和自主运营"。"以我为主"把技术决定权掌握在我们自己的手中，使我们能够掌握核电的核心技术；"中外合作"可以充分利用国外已有的成熟技术和经验，加快我国核电发展的进程。

核工业"大力协同、奋力拼搏"的传统是二期工程获得成功的重要原因。二期工程的建设过程是一个不断暴露困难、解决困难的过程。参建单位的广大工程技术人员、管理人员，抱着为国争光、为核电国产化争光的坚定信念，互相理解，不讲条件，密切配合，顽强拼搏，使得一号机组终于提前建成。如果没有各单位的不讲条件的协同，没有建设者们不畏艰苦的拼搏，就没有秦山二期的今天。

作为"自主设计、自主建造、自主管理、自主运营"的国产化核电机组，二期工程的技术方案、总体参数的选定和工程设计都是国内的设计院进行的。施工及监理全部由国内的施工企业、设计单位承担。电站建造的全面管理、设备的采购、调试及电站的运行由业主负责。在设备国产化方面，通过科研开发、国外返包、技术转让等方式，实现了55项关键设备中的47项在国内制造，国产化率达到55%。

机组调试和运行结果表明，二期工程一号机组的设计和建造是成功的，具有较高的安全技术性能和经济性能。三大控制是成功的，工程安全和质量完全符合国家核安全法规和国际规范的要求，部分指标达到或接近国际水平。一号机组建设工期为70.5个月，比计划工期缩短了47天。工程总投资可以控制在批准的概算价148亿元之内，一号机组比投资约为1330美元/千瓦，二号机组预计为1388美元/千瓦，二台机组综合造价为1359美元/千瓦。

二期工程的胜利建成证明了我们有能力建设和管理60万千瓦的商业核电机组，同时也为我国自行设计和建造百万千瓦商业核电机组准备了技术，积累了经验，培养了人才。

随着一号机组的提前投产，我们有决心也有信心，在党中央、国务院及各部委、浙江省的关心和支持下，在中核集团公司和董事会的领导下，严格遵循核安全法规的要求，认真做好一号机组的运行和二号机组的安装调试工作，在确保一号机组安全稳定运行的同时力争二号机组提前投入商业运行，继续为我国核电国产化做出我们应有的贡献！

2002年6月2日

江阔潮平好扬帆

——在工程全面建成新闻发布会上的讲话

2004年5月3日凌晨1时15分，秦山核电二期工程2号机组在经过100小时满功率连续运行考核后，投入商业运行，这标志着我国首座自主设计、自主建造、自主管理、自主运营的商用核电站、国家"九五"重点工程——秦山核电二期工程1，2号机组全面建成投产。今天，我们在这里举行中国核工业集团公司秦山核电二期工程1、2号机组全面建成新闻发布会，我们感到由衷的高兴。作为我国首座国产化商用核电站，秦山核电二期工程建设一直得到了国内众多新闻媒体的关注，及时对工程重大进展和公司发展情况进行报道，让国人更多地了解秦山二期，了解国产化核电站建设，在这里，我代表秦山核电二期工程业主单位——核电秦山联营有限公司全体员工对各新闻媒体长期以来对我公司的关注和报道表示衷心的感谢!对各位新闻界的朋友们参加今天的新闻发布会表示最诚挚的谢意!

秦山核电二期工程于1987年国务院批准立项，设计装机容量为两台65万千瓦压水堆核电机组，建设工期72个月，工程总投资148亿元人民币，电站设计寿命为40年。由中国核工业集团公司、国家电力公司华东公司，以及浙江、上海、江苏、安徽等省市共同出资兴建，核电秦山联营有限公司为业主。设计、施工和工程监理分别由中国核二业集团公司、中国核工业建设集团公司和国家电力公司的设计院、建筑安装、监理单位承建。

1996年6月2日，1号机组主体工程正式开工建设。1997年3月23日，2号机组正式开工。经过近6年的建设，1号机组于2002年4月15日比计划提前47天投入商业运行，2号机组于今年5月3日投入商业运行。

从1号机组两年来的商业运行情况和2号机组调试和试运行结果看，秦山二期两台65万千瓦核电机组的设计是成功的，具有较高的安全技术性能和经济性能，工程质量是好的，三要表现在以下几个方面：

1. 比投资。秦山核电二期二程1、2号机组总投资控制在144亿元人民币内，机组的比投资为1330美元／千瓦。远低于我国同期引进的核电项目，是近期世界上建成和在建核电站中较低的；

2. 设备国产化率。通过科研开发、国外返包，技术转让等方式，实现了55项关键设备中的47项在国内制造，两台机组的平均国产化率达到55％，其中1号机组国产化率51％，2号机组国产化率59％；一批大宗核电专用材料通过研制，实现了国产化；

3. 机组出力。单台机组设计出力为60万千瓦，国家发展和改革委员会批复的机组铭牌出力是65万千瓦、通过技术改进，机组实际出力平均达到了67万千瓦，最高达到68.9万千瓦，远远高于设计值；

4．负荷因子。2002年，1号机组发电34．9亿千瓦时，负荷因子达到74．9％；2003年，1号机组全年发电46．17亿千瓦时。负荷因子达到了81％；均远高于65％的负荷因子设计值。2004年，预计两台机组全年发电64亿千瓦时，1号机组负荷因子达到81—82％；

根据WANO(世界核运营者协会)统计的数据，近年世界核电站负荷因子的中值为85％。秦山二期1号机组在投入商业运行后短短的二年内。负荷因子就达到了81％以上，接近世界核电站的中值水平。

5．电价。国家发展和改革委员会按照功率为650MWe，负荷因子为75％条件批复的秦山二期经营期上网电价是0．414元／千瓦时(含税)，该电价接近于脱硫煤电的上网电价，是同期建造的四座核电站中最低的。

从国产化率、造价、调试结果等主要建造指标和出力、负荷因子、运行可靠性与安全性，竞争力等运行指标来看，秦山核电二期工程的设计、建造、运营和管理是成功的，与当前国家提出的"积极发展核电，核电发展要以我为主，引进技术，合作制造，降低造价，提高竞争力"的发展方向是完全一致的。

通过秦山二期的建设，我们积累了科研设计，建筑安装、工程监理、设备制造、调试运行及工程管理等一整套国产化核电建设经验，培养了一大批核电技术和管理人才，更重要的是，创造了具有自主知识产权的60万千瓦级核电机组的品牌，随着秦山二期1、2号机组全面建成，我们将把工作重心转移到电站的安全稳定运行和经营管理上来，并通过持续改进，不断提高机组运行的安全性、稳定性和经济性，为核电国产化事业做出应有的贡献。

（原载于《核电潮》2004年第7期）

核电站的核安全文化建设

——在第二届中国国际安全生产论坛上的演讲

大家好！首先祝贺"第二届中国国际安全生产论坛暨中国国际安全生产职业及职业健康展览会"的胜利召开，在此，我十分感谢大会组委会为核电行业代表提供了这样一个进行国际交流学习的机会。同时，作为核电行业的一员，十分感谢各位朋友们对核电行业的支持与关注。

1986年4月26日凌晨1点23分，两声沉闷的爆炸声打破了苏联切尔诺贝利核电站4号核反应堆周围的宁静。随着爆炸声，一条30多米高的火柱掀开了反应堆的外壳，冲向天空。该化学爆炸将反应堆的防护结构和各种设备掀起，高达2000℃的烈焰吞噬着厂房，携带着高放射性物质的水蒸气和尘埃随着浓烟升腾、弥漫，遮天蔽日。

在此之前，1979年3月28日，美国三里岛核电站发生了反应堆堆芯部分熔化的严重事故。

这两起事故是全世界核电机组累计运行11140个堆年中发生的两起最严重的事故。前者带来的严重后果是31名工作人员和抢险人员由于接受过量辐射而死亡，放射性烟尘的扩散使整个欧洲笼罩在核污染的阴霾中；而后者因设计安全性较高，未对环境和公众健康产生危害。但时至今日，两起事故给人们带来的精神上和肉体上的创伤和恐惧仍像噩梦一样驱之不散，如影随形。

更严重的后果是世界核电的发展从此进入停滞状态。今年6月27日，在纪念核能商业发电50周年纪念活动中，国际原子能机构主席巴拉迪说："两起事故，可以说，世界核电进入冰雪期。"因此，由于核电的极度特殊性，核电的安全不仅是一个电厂、一个国家的事，而是一个影响全球的问题，因此，必须确保核电厂的万无一失。

随着技术的提高和管理的加强，核电仍然取得了很大的发展。据统计，世界核电装机容量占电力总装机容量的16%。2002年，32个核电国家中至少有16个国家的发电量超过本国发电量的30%，发达国家如法国核电发电量占总发电量的76%，瑞士占40%，瑞典占39%，日本占33.8%，美国占22%，英国占22%。因为核电是同火电、水电同为世界电力最主要的形式，其特有环保性能，将是未来电力发展的方向。对我国来说，国家已将核电的地位从核战略的需要提升为核战略和能源战略的双重需要。今年7月22日，《人民日报》发表了《加快核电建设势在必行》的评论员文章，深刻阐述了发展核电的重要意义。

秦山第二核电厂装有两台65万千瓦机组，是中国在建和已建成投产的11台核电机组中首座国产化商用核电机组，在多年建造和运营过程中，我们认真贯彻"安全第一"的指导思想，即不论建造进度，还是运行成本，均要服从于安全。

核电站的建造质量是确保核安全的基础。2003年7月，在秦山第二核电厂2号机组完成相关试验后准备初次核装料前的役前检查中，发现压力容器的一条工厂焊缝可能存在缺陷。这条焊缝位于核电厂核心设备——压力容器的接管部分，压力容器的使用寿命将决定核电厂的寿命。为此，国家核安全局对此相当重视，组织了各方面专家对设备缺陷进行了认真检查和科学论证。但由于这条焊缝是由三种异种金属焊接而成，焊接难度极大，焊接质量也较难以保证，质量检测及结果的判断也是一个世界级的难题（全世界仅有6人取得了检测授权），因此，对此超标缺陷有两种解决方案，一种是通过论证并在运行后加强监督来解决；另一种是对缺陷部位进行局部挖补返修。"论证"方案虽然简单，但存在风险；"返修"方案虽然拖延了工期，增加了费用，但不留任何隐患。经过认真分析，我们坚定地采用了局部返修方案，这样的决定使我们要承担5000余万元的直接经济损失，同时，拖延了几个月的建造进度，经济损失及形象损失均很大，但可以确保反应堆的安全。因此，基于核安全第一的理念，我们毅然决然地选用了"局部返修"方案。

这种不惜成本的核安全第一的理念，不仅体现在对建造的严格要求，还贯穿于核电站的整个设计和运行中。设计阶段，严格按国家核安全法规，从厂址的选择，安全系统的冗余度上均进行了严格控制。因此，核电厂的单位造价比常规火电高一倍多，这一倍多的花费主要用在加强核安全上。设计和建设过程中建立的核安全第一的理念，在生产运行后得到了延续和加强。2003年4

月，秦山第二核电厂1号机组在完成首次换料大修后，发电机漏氢量和主泵的轴承振动值均在允许范围内，但均接近于上限值。为了不留隐患，我公司果断停堆，承受着每天650万元的损失，对其进行返修。经过返修，漏氢量和振动值均有较大程度的下降，消除了潜在隐患。

在八年多的建设过程中，特别是在近两年的运行过程中，我们建立和强化了核安全第一的理念，并在许多关键的时候以实际的行动来落实。但是，核安全第一的理念并不是一朝一夕能够建立起来的，也并不是通过解决几件事情就能够建立起来的。如何确保核电厂的万无一失，还需要通过制度，通过体制的建设来保障。

首先，核电厂建立了一支独立、专业、高效的常设核安全监督队伍。核安全监督人员不仅持有国家颁发的核电厂操纵员执照或高级操纵员执照，还接受了核安全管理、核安全法规等方面的专门培训，所以他们既懂运行，又有专门的核安全监督知识，从而保证了监督工作既专业又高效。同时，核安全监督人员虽然懂运行，但不隶属于运行部门，直接对总经理负责，这样就确保了他们工作的独立性。

其次，在建设时期，秦山第二核电厂就建立了各种规程来进行质量、进度、投资控制。投入商运后，秦山二期继续建立各种规程来进行管理。机组如何启动，紧急情况如何处理等，都通过程序的形式确定下来，使员工做每件事都有章可循，规范了员工的行为。

最后，为了确保核电的安全，国家制定了核电厂核事故应急预案，来预防核事故情况下如何将事故控制在最小范围内，并制定了应急演习管理规定来规定如何将应急预案落在实处。

完善的制度由人来制定，也是靠人来实施。因此，加强对员工的培训来确保核安全，就是核安全文化建设的重中之重。运行操纵员是核电厂的关键岗位人员，其专业素质（包括心理素质）直接决定核电厂的安全，为此，每一个核电厂均将操纵员的培养作为员工培养的重中之重。一个运行操纵员首先要求重点大学本科以上，经过3—5年集中理论培训和模拟机培训后，再具有现场两年以上的工作经历，才有资格参加国家组织的资格考试。通过考试后，每两年还要进行复试。通常，一个操纵员的培养花费要几十万元人民币，故得名为"黄金人"。这样，核电厂的运行人员才能有良好的理论基础和实践，才能有高度的警惕性、实时的见解、准确无误的判断能力和高度的责任感，才能确保核电厂的运行安全。

有了好的体制、好的制度和好的员工，如何进行充分的信息交流，推动经验反馈，避免犯重复的错误，取长补短，来提高核电的安全性，国际核电界也在积极探索。1989年，为了吸取切尔诺贝利事故的教训，全球144家核电站在莫斯科成立了世界核运营协会，即WANO（World Association of Nuclear Operators）。现在，全球所有核电厂均加入了该组织，该组织将定期地组织成员电站的专家组成评估队对核电站进行评估，找出不足，提供技术支持和交流，推动核电站间的经验反馈，同时将被评估电厂好的经验向其他电站推广。

作为刚投入商业运行的核电厂，运行、检修队伍较年轻，为了尽快吸取先进核电站运营经验，找出差距。2001年，我们向WANO提出同行评估申请。2003年3月，经过两年的准备，来自美国、法国等7个国家和地区共计18人的WANO评估队对我公司组织与管理、运行、检修等10个领域进行了为期三周的同行评估。

对一般核电厂来说，一般要在运行3—5年后才邀请WANO对其进行评估。在投入商业运行不到一年时间，秦山二核主动邀请并接受评估，这在全世界是罕见的。这充分反映了秦山二核对核安全的高度重视。

同行评估不仅发现了问题，更让我们对世界核运营者协会"探索的工作态度，严谨的工作作风，相互交流的工作习惯"的理念有了更深的理解，这个理念，是对所有核电厂的共同要求。核电是一个特殊的行业，这就要求我们在工作过程中，去探索，去思考，并消化成自己的东西来指导实践，这就是探索的工作态度。另外，核电站极为复杂，牵一发而动全身，这就要求员工有严谨的工作作风。再有是核电涉及学科多，一个人接触的领域有限，员工之间必须互相交流、互相学习，才能共同提高并保证核电站的安全运行。因此，这个理念是非常适合核电这一特殊行业的，是有助于核安全文化的形成的。

确保安全生产是核电站安全文化的落脚点，安全运行永远是核电界追求的目标。但是，如何能够让决策层知道核电站的安全程度，的确是非常困难的。因为它不易被量化，特别是对核电站自身的安全状态进行评价的时候，往往无法给出一个明确、清晰的概念。为了对核电厂的安全指标有一个量化指标，国际原子能机构用了四年的时间，在2000年建立了核电站运行安全性能综合指标体系。结合国际原子能机构的使用情况，秦山二核也建立了核电站运行安全性能综合指标体系。该指标体系主要通过统计生产管理、电厂运行、安全监督、技术支持的数据，并进行加权、量化、分析，最终形成了一个量化的数据。该指标体系能够比较全面地、定量地反映电厂的安全生产状况。

虽然核电的安全是有难度的，但在确保设计质量和建造质量的基础上，通过培育核安全第一的理念，建立良好的安全体制，加强对员工素质的培养和核电站间的相互交流等措施，核电的安全确实是有保障的。

核电的安全运行投入很大，给我们的压力也很大，但安全运行也给我们带来了良好的回报。1号机组自2002年4月15日比计划提前47天投入商业运行以来，2002年和2003年机组的负荷因子分别达到了74.9%和81.2%，2004年预计为81%到82%。这样的运行业绩接近于世界441座核电站85%的中值水平，而这个水平是世界核电运行了近50年后取得的。

在历经近20年的低潮后，世界核电现在已经开始复苏。法国推出了新的核电发电计划，美国政府正在草拟建设新一代核电厂的计划，俄罗斯将对关闭的皮克灵核电厂的四台机组重新启动，芬兰等国的核电政策也已经解冻。国际原子能机构在纪念核能用于商业发电50周年大会上发表的核能利用形势报告中预计到2030年前世界核电发电量占总发电量将由现在的16%提高到25%。这一方面表明，核电作为世界三大能源之一，其地位仍将不可替代并将不断得到强化；另一方面，也表明了世界核电在发展了50年，在吸取教训后，经过不断改进，硬件、软件均有了大幅度的提高，核电的安全性也有了很大提高，人们的信心更足了。

当前，我国制定了到2020年建成投产3600万千瓦核电装机的宏伟目标，除去已投产和在建的870万千瓦，考虑到核电的建设周期至少为5年，即在未来12年将开工建设2700万千瓦的核电机组，是现在已建成和在建容量的3倍。可以说，中国的核电已经进入了一个新的发展时期。秦山二核是我国首座国产化商用核电站，如何确保核电站的核安全，对推进我国核电的发展，对推动世界核电的发展都具有重要意义。因此，我们必须继续坚持核安全第一的方针，继续吸取国内外核电站的经验和教训，加强员工素质培养，建立良好的体制，确保核安全，来推动核电的发展。

我们相信，有了各行各业的共同努力，世界核电的核安全是有保障的，世界核电和中国核电的发展一定会蒸蒸日上。

2004年9月2日

核电发展形势分析与展望

——在核电发展形势报告会上的讲话

来了这么多同志，听我就我国的核电发展作一些情况介绍，特别是秦山核电基地党委督导组，还有武警指战员，以及建行的领导同志也来了。感觉自己没有做十分充分的准备，担心会讲得不好，所以请大家不要寄予太大的希望。如果希望低点，讲得不好可能容易原谅；如果希望太高，可能达不到大家的要求。最近一直在出差，刚刚回来两天，这两天也一直在开会。下面我谈谈我个人的认识和体会。

谈谈我国核电发展的总体形势。应当说，从2003年开始，特别是从2004年到2005年，我国核电发展迎来了一个新的春天。我在2002年的政协提案上有过这样一句话："我认为核电发展的春天即将到来。"当然不是说我有预见，而是经过这些年的发展，核电建设应该形成这样一个局面。从事实上来看，也确实是这样。如果说2002年、2003年大家还在观望，还有些不同认识的话，那么经过这两年的发展，对核电的认识逐步在提高。另外，从对核电发展几个阶段的不同提法中，大家也应当能感觉得到这种形势的变化。在"九五"期间，国家对核电发展的提法一直是"适度发展核电"。"适度发展"，这个调是比较低的。而且据内部解释，"适度发展"可以有两种意义上的理解，一种理解是在当时同期建造的秦山二期、岭澳、秦山三期和田湾四座核电站的基础上，再稍微增加一两座，这叫做"适度"；另一种理解则更保守，就是说把这四座核电站建设好，这也叫做"适度"。可以说，在2003年之前，特别是在2000年之前，核电大约就是这样一个形势。但是在2002年左右，一些提法发生了一些变化。比如说曾培炎副总理曾经讲过"加快核电发展"。但"加快核电发展"这个弹性比较大，比原来稍微提高一点叫"加快"，更多一点也叫"加快"，这个弹性非常大。从今年开始，我认为提法发生了非常本质的变化。3月2日晚上，我在网站上看到新闻，温家宝总理主持召开国务院办公会，专门研究能源发展问题。在这个会上，第一次提出要"积极推进核电发展"。积极推进，由过去的"适度发展"到"加快发展"，再到"积极推进"，我认为这是一个很大的变化。大约是6月份，胡锦涛总书记在主持政治局常委学习（内容是能源发展）的时候，胡总书记第一次提出来，要"大力发展核电"。所以说，这些提法的变化概括了核电发展的总体形势。另外在最近两年，国务院就核电发展专门召开过几次重要的会议。在2003年的1月、9月、10月，国务院领导特别是黄菊和曾培炎副总理，多次主持召开专门会议，研究核电发展问题。将核电发展纳入到整个电力发展规划之中，这也是最近两年的事。

到2020年之前的核电发展规模，现在比较多的提法是发展到4000万千瓦，最早是3600万千瓦，个别也有提4400万千瓦。这样3个数据，意味着把核电发展规模确定下来了。另外，最近两三个月的提法，除了到2020年之前要建成4000万千瓦之外，还要有1800万千瓦在建，加起来就是5800万千瓦。这个数字到底占我们国家电力装机容量的比例有多大，过去的说法是4%。如果包括在建的1800万千瓦，估计也就是5%左右。在世界范围内，核电的装机容量目前是16%，我们国家目前是1.6%，也就是说，我们只是世界平均水平的10%。所以大家要理解，我们国家的核电从数量上来讲，还是很低的，与我们这样一个大国不相适应；但从技术上来讲，能够自主设计、建造核电站的国家，我们是第7个，全世界也只有这7个国家可以自主设计、建造核电站。

从这样的形势来看，要在短短的10年之内，开工建设到4000万千瓦，我认为实现这个目标的难度是非常大的。目前已建和在建的机组容量是870万千瓦，4000万千瓦减掉870万千瓦，大约是3200万千瓦，核电的建造周期最少是5年，如果把第2台机组加进去，实际上是6年。按照5年计算，要在2020年之前建成的话，这些机组必须在2015年之前动工。也就是说从2005年到2015年，要有3200万千瓦容量的机组动工，大约相当于32个百万千瓦的机组。10年之内要动工32个，我认为这个任务是非常繁重的，难度相当大，哪个环节安排稍有不慎，就有可能影响全局。我们在"九五"期间动工了8个机组，已经10年了，870万千瓦的任务到现在还没有全部完成。后面10年要完成3200万千瓦的建设，接近于4倍的任务。

这些就是我们当前核电发展的形势，既有广阔的前景和宏伟的目标，又面临着巨大的困难和挑战。在这一点上，至少我个人是这么看的。外界恐怕对这种认识不多，都认为核电发展形势一片大好。但到现在为止，还没有看到更多的项目可以马上启动。就我个人的体会，可能秦山二期扩建和岭澳二期是最现实的。对于我们秦山二期来说，就是要尽我们的力量把承担的工作做好。

综观近期的核电发展形势，在去年的7月，国务院首先批准了浙江三门和广东岭澳二期的立项。同年9月2号，国务院批准了秦山二期扩建和广东阳江核电站的项目建议书，这只是项目建议书，还不是立项。今年的7月26号，国务院常务会议核准了我们秦山二期扩建工程的可行性报告，意味着正式立项。所以今天可以非常正式地跟大家说，秦山二期扩建工程的立项已经获得国务院的核准，正式文件估计一两个月就会下发。

根据目前能源发展的形势，国家决定成立能源领导小组。在十五期间，可能是对形势的估计有误，这一期间的能源发展相对较慢，在2003年的能源危机当中集中显现出来了。能源紧张，非常多的地区拉闸限电，之后这两年又从一个极端走到另一个极端，各地都在上小火电。从现在的态势来看，火电马上又要过剩，国家又开始进行限制。我想限制能源发展，肯定是不对的，一定要跟上国民经济发展的形势。一旦缺电就放任自流，各地不经过批准就上过去被限制的小火电，这也是不对的，会造成新一轮的浪费。成立能源领导小组，我认为表明了国家对能源的一种关注。最近，国务院核电自主化领导小组在5月13号的上午、20号的下午，听取了国核技的工作汇报，曾培炎副总理主持了会议。在这个会议上，确定了这样几个大的原则，现在的提法仍然是要尽快掌握第三代核电的先进技术。第三代，一个是三门，一个是阳江，这两个地方的项目是第三代。另外哪儿是第二代？现在咱们国家发展的几个核电项目，基本上算第二代。咱们秦山二期扩建以后的项目，算第几代？总体上算第二代的改进，可能还算不上二代加。但今天可以向大家宣传，给大家一个概念，同属第二代，我们秦山二期从技术参数来讲，从安全性能来讲是要好一些的。那么第三代和第二代的重要差别在哪，差别就在于它的安全性，第三代的安全性更高。但世界上运行的440多座核电站总体上说，应该属于第二代（还有少数电站属于第一代）。可能个别的比第二代更先进一些，已经运行的核电站，没有第三代，第三代也只是刚刚把设计做出来。第三代机组目前在世界范围之内只有一台刚刚开始建设。这是第三代目前的状况。所以说不要在第二代、第三代这个概念上过多地争论。既然440多座都是第二代，我认为核电的主要目的还是供给电力，争取更高的经济性，这是发展核电的主要目的。是不是要立即追求最先进的东西，我认为不一定。把4000万都建设成第三代，我认为不可能，也不现实。目前国家的政策是第二代、第三代同步建设。为什么要建第三代，是因为它的安全性更强。在世界上还没有真正开始的时候，我想我们国家也不应该一窝蜂地都瞄准第三代。那么对于建设第三代，也要求核岛部分中方要尽可能多地承担一些工作任务,并相应承担一定的责任。这句话的含义即意味着不再是交钥匙工程。对常规岛的提法,要以向中方招标为主。另外核岛和常规岛的接口由中方负责。这些是对第三代的管理模式所作的定位。但我为什么说第三代建造有它一定的难度,一个是技术上要进行消化,可能有很多新的东西;另外就是新的法规标准,当然它肯定适应,需要我们理解和消化。技术上肯定是先进的,但从价格上来讲,也可能是我们难以接受的。可以这么说,我们国产核电站的造价可能只是它的60%到70%的水平。而且,从国家的舆论来讲,核电从电价上没有竞争性。那么既然国产的核电站大家都认为没有竞争性,进口的高了这么多,那它不是更没有竞争性吗?在这种情况下,到底能接受多少,就算第1台、第2台把它接受下来了,4000万都能这样接受吗?我想是不可能的。所以说,第三代要发展,只是取得经验,更多地学习外国的技术,这是根本目的,而不是以它为基础形成规模就在国内供电,现在全部采用这种机型,我想这是不现实的。

那么二代加,或者说是二代改进,指的是秦山二期扩建和岭澳二期,我认为也面临着非常大的压力和难度。从造价来讲,肯定比第三代要低得多。但从目前来看,形势也不容乐观。另外,在这里对国核技有一个新的提法。国核技,有些同志可能不熟悉这个机构,这个机构也是根据目前核电发展形势新组建的。目前叫国家核电技术筹备组。组长是陈肇博同志,原核工业部副部长。中核集团、中广核的领导担任副组长。最近我看到一个文件,中广核的领导即将改成钱智民。因为王禹民调动了,王禹民是广东核电集团的董事长，他调到电监会了，由新的董事长出任副组长。这个机构是筹备组，没有正式机构，目前借调了不到一百人，在进行核电的统一技术路线，统一招投标等方面的工作。

另外，今年的6月2号，国家领导能源领导小组召开了第一次会议，由温家宝总理主持。在这次会议上，确定了有关核电发展的提法。积极推进核电建设，坚持以我为主、中外合作原则，统一协调技术路线，通过对外招标，引进三代工程设计和设备建造技术。国内统一组织，消化吸收。在开工建设秦山和岭澳，落实设备国产化方案之后，适时再安排几个开工项目。这句话值得大家注意，当然我们算不算开工，这有不同的定义，我估计在上级认为是已经开工了。在落实设备国产化方案之后，适时再安排几个开工项目。如果这句话能够落实的话，也就是说最近可能就要再安排几个准备开工的项目。此外，讲到三门和阳江第三代依托项目，要求2005年完成招标，2006年争取开工建设。2005年招标，根据原来的计划11月份定标，今年的11月份定标。可能是今年的3月份就已经开标了，现在正在技术谈判，技术论证。那么11月份要定标，能不能定标，咱们还不敢去预测。但我认为有很大的难度。而且这里边讲到2006年争取开工建设，这个开工建设概念是什么？如果继续把四通一平，或者叫六通一平定义为开工，当然没问题。如果从负挖开始算也没问题。事实上，核电开工的准确定义是打第一灌混凝土，这是核电开工的准确定义。如果按照这个准确定义，我估计2006年是不行的。

在这次能源会议上，温总理提出四条原则。第一个原则是积极发展核电要坚定不移。这条非常关键，坚定不移。过去还在观望，核电安不安全，建完以后它的经济性好不好，群众能不能接受，地方能不能接受。但我认为这些问题，经过"十五"期间建造的四座核电站，这些问题已经解决了。田湾核电站过去叫做连云港核电站，连云港市政府就是不同意。他们认为叫连云港核电站，招商引资就没人来了。所以才改成田湾核电站。这是基于当时的认识，那么今后我想这种认识会越来越少。第二个原则是要统一技术路线不能摇摆不定。第三个原则是提高自主化能力和创新能力，实现四个自主。第四个原则是把安全可靠放在首位。另外，讲核电要在能源中占重要位置，那么这里我再宣传一下核电，为什么要发展核电？公司的大部分搞生产管理的同志可能清楚一些，外围的同志也不一定很清楚。借这个机会向部队的同志、建行的同志宣传一下。应该说核电是一种非常好的能源，它的安全性、清洁性、长远的经济性，我认为是不容置疑的。不然的话，为什么世界上发展那么多核电站，法国54－57座，不同的资料有不同的表述。它的装机容量占全国电力的70%，有的资料表示为78%。美国有104台机组，这是世界上核电最多的国家，占总装机容量的22%。从此可以看出美国的能源是非常充足的。从这些比较发达的资本主义国家或者叫西方国家，它发展这么多核电，美国也不是过不了日子了，什么东西都是好的，什么东西都要，不是这样，它肯定是有选择的。它能发展这么多核电，就说明它对核电的认识，或者核电实际上的安全性。这点，一定要有这种认识。但确实发生过1986年的切尔诺贝利这种严重的燃烧事故。为什么不说爆炸事故？因为爆炸事故容易误解，认为是核爆炸，也确实发生了爆炸，但不是核爆炸是化学爆炸。它给人们形成的心理阴影太多了，所以一说到核电就说切尔诺贝利，在人们脑海中的阴影挥之不去，总是担心害怕。它是石墨堆，咱们这是压水堆，从这个结构安全也包括技术性的安全，都不能同日而语的。而且事故的发生主要是因为运行人员或者试验人员严重地违反操作规程，把所有的保护切除，但恰恰在做试验的过程中又遇到其他的外界的、没有预计到的因素。因为事故是由很多个环节叠加最后导致的。当然这种事故是灾难性的，是不可挽救的，也是不可容忍的。大家一说核电就是切尔诺贝利，这完全不是一个概念，大家不要把它作为一种核电发展必然的结果，绝对不是。我认为今后不可能再重演。此外，石墨堆应该说今后也不会再发展。作为目前世界上对于核电严格的管理，不会哪个电厂把所有的保护切除，然后做这么大的试验，绝对不会。作为系统自身的安全性，另外包括它设计的安全理念，比如说第三代为什么安全，它是非能动式的。就是你不管出现什么情况，就是没有外力的情况下，它也可以把堆停下来，所以它是安全的。在安全的情况下，它的环保性是肯定的。大家可以看我们厂区的环境，外边来参观的人认为像花园一样，甚至国外的核电厂的厂长来参观了我们的电厂以后表示："你们这个现场管理得这么好我们没有想到。"我曾去过那个电厂，老实说他们的环境，确实不如我们厂。包括管理，法国人也感到震惊。在保证安全性的前提下，它的环保性这是肯定的。

实际上，火电是最不环保的，但没有人去指责它。只是担心你这个核电厂的废气怎么排的，水怎么排的，你的固体废物怎么处理，老是议论这些问题。实际上，这些东西在设计的过程中，已经全部考虑了。后处理费、乏燃料处理费，在运行初期就要提取，几十年以后，就用你提取的费用来完成后面的处理工作。所以我过去讲过，对于核电的要求过于苛刻。但我认为是应该的，世界上也是这样要求。但对火电就太宽松了，它怎么排都行。烟尘、温室效应，走到大城市衬衣领子半天就脏了，公众也只能承受着。我曾在杭州的一次会议上发言，我说火电大家习惯于容忍，老说它的电价低，它是以牺牲环境为代价的，是以全社会来承担它的后果为代价的，它当然低。如果烟尘不让它那么排，你必须解决掉；如果二氧化硫、二氧化碳不让它那么排，你必须处理好，它们造价就上去了，造价一旦上去电价就上去了。所以说不是在一个标准下的要求来讨论电价，我认为也是不公平的。从环保的意义上讲，我认为应该发展核电。

另外，从经济性上来看，我前面有一句限制性的话。"从长远看，核电的经济性是好的"。重点是"从长远看"，近期可能它还不完全具备与火电相竞争的能力。但从长远来看，它肯定要比火电的电价低。而且我们现在也可以公开说，我们目前秦山二期的电价已经跟同地区的火电可以相竞争了。甚至可能稍微低一点，但只限于秦山二期。其他核电可能还不行。其他核电站的电价分别在4毛3分2到4毛7分1，我们的电价是4毛1分4。另外，我们这个电价是在发电80亿度的情况下，电价是4毛1分4。但是我们还有超发电，今年我们的计划是发电到93亿度。根据现在的运行情况看，如果不出意外，可以发电到100亿度。100亿度其中超发电是20亿度，超发电电价是多少呢，是2毛5。20亿度2毛5，80亿度4毛1分4，这里有一个加权平均的问题。加权平均以后，如果超发电按20亿度算，我估计电价在3毛8分5。名义电价是4毛1分4，实际上真正提供给社会的是3毛8分5。3毛8分5跟火电比是什么概念呢，前年底还是去年初，国务院对火电专门发了个文，就是再新上的火电不同地区有一个不同的定价，华东电网的电价是3毛8分5。另外，脱硫加1分5，那么定到4毛。就是今后再上火电，华东电网可以让你到4毛钱上网电价。另外今年初，全国又普遍涨了电价，大约从1分到3分9厘5这个范围，华东大约涨了3分多。也就是说，新上火电现在可能是4毛3左右，我指的是华东地区，而不是指的全国。东北我刚刚去过，告诉我上网电价是2毛5，这个不一样。经济发达地区和经济落后地区，电价是不一样的。

而且火电今后的电价，还要涨价，这是必然趋势。因为煤是有限的。再挖到底能挖几十年还是几百年，不同的资料叙述也是不一样的。最短的是挖70年，有的说200年，有的说700年，这指的是咱们国家。这个数据都不太一样，所以也不知道哪个可信。但也就是几百年吧，总要用光的，我们国家用煤的增长速度非常快。去年大概要用17亿吨，一年要用17亿吨，其中一半用于发电。煤的储量总要枯竭的，物以稀为贵，今后越少它就越贵啊。广东省现在油已经没有了。汽车都加不上油了，4块多钱一公升。我看报纸上报道，有人主动出8块钱一公升，可是油库里没有，出多少钱也是加不出来的。所以，今后能源形势非常不容乐观。所以我认为火电还要涨价，那么核电电价我认为会随着大量的建设，会越来越低。因为什么事情都是开头难，你说一辆汽车，样机的汽车，你说卖给大家20万元嫌贵，样机我估计100万元都拿不下来。我说的是样机，当然样机没人卖，也没人买。那核电初期就是这样。像压力容器的制造厂，十年才造一台，需要编制很多文件，也需要配置设备、工装，需要技术培训。十年就给你造一台，它当然贵了。但今后一年造十台，成本肯定下来了。所以说核电大量发展以后，核电的成本是会降低的。咱们有些领导一考察回来，就喜欢比较我们国内的核电，人家国外的核电电价成本才一点几美分，你们凭什么上网电价4毛多。有的时候我不得不向他们说明，他们核电发展了五六十年，拥有比咱们国家多几十倍的机组，我们根本不是在一个起跑线上的。另外，有些机组都过了还本期，后边全是盈利了。如果平均到全国算，当然低了。我们就第一台，开始当然高了，所以说我认为这个可能经过几十座的发展以后，核电的电价会再降低。我认为核电是有优势的。借这个机会，宣传一下为什么要发展核电，我认为核电的安全性、环保性和经济性是好的，至少它的前途是好的。

国家发改委张国宝副主任主管能源，也主管核电。他讲了一些问题。其中，一个问题就讲到核电的发展方针有争议。包括我今天表述的一些观点，也仅仅是我个人的看法。我赞成第三代、第二代同步地进行，我不是反对第三代。但第三代目前想取得很快的发展是有困难的。为了弥补这个阶段的空白，就要更多地进行第二代的建设。

另外，讲到核电发展的具体规划，这里说得非常具体。所谓非常具体，不是到项目，而是到年份，每年每个时段发展到多少。规划是2005年以前建成850万千瓦。也就是现在的11台机组，包括已经建成的9台和田湾正在建的2台。实际上就是完成这11台机组，这是"九五"期间规划的，"十五"期间建造的。2010年以前，要达到1170万千瓦，其中的320万千瓦也就指的是秦山二期和岭澳的扩建。我前面为什么说只有这两台是现实的。用数据来论证，张国宝拿出来的数据。2010年之前建成320万千瓦，岭澳二期的扩建200万千瓦，二期的扩建120万千瓦，那么正好是320万千瓦，达到1170万千瓦。言外之意，在此之前，没有别的项目可以建成。而且现在可以说肯定不可能有别的项目建成。另外，秦山二期扩建严格上来讲也不是2010年，真正咱们完成是2012年，最快是2011年。在2015年之前要达到2470万千瓦。那么也就是说2010年到2015年这五年中是1300万千瓦，也就是13个百万千瓦的机组，这是指的是建成。也就是说今后5年，必须有13台机组开工。现在知道的有一个三门，有一个阳江。这是400万千瓦，当然还有一期，其他7台还不明确。到2020年之前，要达到3970万千瓦，毛数4000万千瓦。在这个时段要多少台建成，要15个百万千瓦的机组建成。也就是从2010年以后必须这15个开始建设。所以，这些具体的数据，大家应该进一步体会到我

171

们任务之繁重，责任之重大。

以上讲的全国的形势，再讲讲咱们秦山二期的形势。秦山二期的扩建，我们是正式研究是在2003年3月，公司召开了会议。当然在这之前，很多同志都跟我建议，要把新的机组建设推动一下。因为当时我考虑1号机组还没有发电，所以没有立即启动。后来，虽然造了点舆论。当然后来发现浙江省对马上启动秦山二期的扩建，是有担心的，是有看法的。省里的压力非常大，希望三门项目先启动。三门一直留着核电厂址，一留就是20年，要建火电又不同意。老百姓非常有意见，上访不断。核电不动，火电又不让建，所以三门地区就落后，老是带动不起来。三门大概两三年以前我去过，只有一个宾馆，吃饭基本上找不着地方。大家说跟秦山二期初到海盐是一样的，就是这个状态。所以说，三门那里老百姓的一些反映也是可以理解的。省里的态度就是三门不立项，就不会同意秦山二期扩建。在这种态势下，我们把扩建项目压了下来。一直到三门立项，我们才正式提出来扩建这个项目。

另外，在2003年3月的公司办公会议上，还没有确立是上60万千瓦还是100万千瓦。对这个问题，大家看法也不一致。但权衡下来，我们决定上60万千瓦。当然60万千瓦推出来以后，实际上，上下都有很多不理解，上边也很不理解，下边也很不理解，也包括我们内部。当然现在大家可能比较同意了。因为当时分析了形势，用我的土话来说，上60万千瓦你才有可能插队，上100万千瓦你就要排在10年之后，对二期就是这样一个形势。

新厂址有的是，都想上100万千瓦，但别的地方很难再上60万千瓦，只有我们这个地方才有可能上60万千瓦。当然，除了这个因素之外，还有我们便于管理，便于培训，便于规章制度的执行，也包括人员的统一调配，也包括检修的管理，备件的储备等等。上60万千瓦对二期肯定都是优势，那么仅仅是一个场地是不是浪费的问题。但反过来讲咱们现在也只有60万千瓦效益是最好的。我们60万千瓦又有很好的效益，又便于我们管理，又能插到前面去，为什么不上60万千瓦？所以说这个60万千瓦经过各方面的协调，当然最终是得到中核集团的支持，中核集团推出60万千瓦的设想。

2004年1月12号，我们将项目建议书报到了中核集团。这个项目国务院批准得非常快。3月22号，曾培炎主持的国务院的核电自主化领导小组会议，原则同意尽快启动秦山二期两台扩建工程机组。从1月份正式报出去，到3月22号批复，相当快。当然这还不是核准，只是同意你启动这个项目。3月23号，中核集团把项目建议书报到发改委。2004年9月2号，曾培炎副总理主持的自主化领导小组会议，原则同意秦山二期扩建项目建议书。项目建议书和可研报告的同意还不是一回事。项目建议书，就是说你这个项目可以筹备了。9月14号，国务院秘书局印发了会议纪要。根据这次会议的要求，我们公司加快了对相关文件的准备，并且在10月27号上报了中核集团公司。中核集团公司在2004年12月15号将可研报告上报给了发改委。当然，后边的过程很长，大约是大半年的时间，终于在2005年的7月26号，国务院召开了常务会

173

议核准了秦山核电二期扩建工程。也就是说我们这个项目目前已经核准了，现在等待文件的批复，当然，我前边讲了，文件是不是批复不影响我们的正常工作，我们的正常工作完全可以按核准以后的规定正常进行。

从我们开始讨论这个事，那时候还没有确定上60万千瓦还是100万千瓦，是2003年的3月份，到2005年的7月份。那也就是不到两年半的时间，这个项目就被核准。过去叫批准，现在叫核准。这个速度可能是所有项目里边最快的。可以说核电有一些项目，筹备了一二十年到现在还立不上项。秦山二期扩建从提出来，两年半就立项了。但大家也不能盲目乐观，我认为有一些工作还是来不及的，要慎重对待。

另外，我要谈谈为什么能这么快立项我的感受和体会。首先我们遇到了好的形势，没这个形势你再好再优越也没人理你，你汇报都没人听。那么这种好的形势是所有核电站共同努力的结果，包括一期、大亚湾、岭澳、三期、二期。当然我认为我们之所以60万千瓦能够重新取得扩建，这样一个资格或者权利，我认为跟我们公司、我们自己的贡献也是分不开的。如果秦山二期过去曾被世人一种怀疑的目光在审视的话，那么现在可以说取得了更多方面的认同和赞许。秦山二期过去曾经是一个丑小鸭，没有人愿意多看上几眼，认为你国产的肯定是很土的。人家是进口的，管理又洋，肯定是人家的先进。这是一般常规的理解，也就像咱们买汽车一样，买不起进口的，起码买个中外合资的，纯国产是肯定不行的。这种理念在国人里边是非常盛行的。这也难怪。因为你要用事实去证明它，让人家相信你。我们还没有用事实证明。所以过去可能更多的是怀疑的目光。

我们在二期的建造过程中，得到了多方面的帮助。这一点也是要肯定的。我们得到了秦山一期的帮助，得到了大亚湾的帮助，得到了同期建造的核电站岭澳的帮助，得到了三期的帮助，得到了田湾的帮助。这个我不是说的空话，哪一方面的帮助都是有侧重的帮助。一期帮助我们培训了操纵员，帮助我们设备的检修，也包括其他公用设施的支持。前期我们就没有办公楼，借人家的单身宿舍。大亚湾给我们培训了第一批操纵员。那时候二期很困难啊，出去钱是不敢多花，人家减免培训费，另外，在课时安排、生活设施上给了很多方便。岭澳同期建造，资源信息共享，没有保留。三期在保险谈判及企业文化建设上给予了我们很大的帮助。所有这些帮助不是虚的，我认为是实实在在的。包括田湾在内，都实实在在学到了人家的先进之处。我们这个项目的成功得到了兄弟单位的大力支持。另外从大环境来讲，我觉得我们现场所有的参建单位，设计、施工、监理、业主，包括设备制造，形成一种氛围——为国产化争气、争光。大家团结协作，互相提供条件，克服困难，最后一步步走向成功，走向胜利。

当然这都是从我们平级来讲，更重要的在于党中央和国务院的重视，在于对核电项目的重视。如果没有党中央和国务院的重视，可以说我们每个重大活动，我们请不到中央的领导同志、国务院的领导同志。另外，很多中央的领导同志走到浙江、走到上海，也会到秦山视察，这应该说是对现场非常大的鼓励。更重要的在于我们中核集团、国防科工委，也包括其他部委对国产化核电项目的支持。在我们最困难的时候，中核集团领导分别多次到现场来，特别是2号压力容器出了问题以后，集团公司每个领导基本上都到现场来检查工作，提出指导性意见。当时给我的印象就是鼓励现场无论如何克服困难，争取最好的结果。这就是当时的指导思想，没有埋怨，更多的是鼓励。正因为这种鼓励变成我们巨大的精神力量，我们率领职工突破了最大的难关。可以说在二期的建造过程中有很多关口，很多关口当时职工并不知道，这些关口一旦把握不住，或者说不够谨慎出了问题，就可能对工程造成巨大的延误、巨大的损失。好在我们这些关口都闯过来了。为什么能够渡过这么多难关？昨天记者采访我，让我谈谈体会。我说除了我前面讲的原因，更重要的是我们有一个非常优秀的团队。这个团队是两个方面，一个是领导班子，一个是职工队伍。没有这样的一个团队，任何困难都可以把我们压垮。我们这个项目可能搞不成。即便搞成了也是拖泥带水，不被别人看好。

另外，当时的形势认为二期拖期一年已经是好的了，最快拖期半年能完成。实际上，我知道集团公司党组甚至做了最坏的准备，拖期半年跟上级怎么讲，拖期一年怎么讲。这是2000年、2001年的事。但后来经过领导班子率领全体职工努力拼搏，我们不仅没有拖期，而且提前了47天。这是很多人所没有想到的。水压试验以后稍有改善，转机出现，但我们还没有把握能够提前建成。原计划7月装料的，但后来有一些条件不具备，没有完成。最后推迟到10月份，实际上7月份已基本具备装料的条件，我们内部特别是熟悉工艺、熟悉建造的同志们，更鼓足了劲，认为按期建成完全是有可能的。什么时候开始有这种认识，是2001年的7月份，1号机组建成是2002年4月15号，也就是提前八九个月预见到我们完全可以按期建成，最后提前了47天。如果没有这样一支优秀的团队，我们完成这个任务是不可能的。正因为我们完成了这样一个举世瞩目的艰难的工程，国家和集团公司领导给予了二期很多荣誉。一个是企业荣获"全国五一劳动奖状"，再一个是"国家科技进步一等奖"。另外，我们的总设计师叶奇蓁同志当选为中国工程院院士，确实是个人的能力加上这个项目的成功，使得我们企业能出一个院士。作为我个人，被集团公司向上推荐为十届全国政协的委员。我今天要表达的是，这不是我个人的荣誉，应该是集体的荣誉，因为这个项目成功了，才有可能这个项目的领导班子里选一个人作代表。如果这个项目失败了，或者是没有很好地完成预期的目标，那是根本不可能的。因为全国优秀的人太多了，所以说这个项目的成功，国家和集团公司对我们这个项目给予了很大的肯定。项目的成功更应该归功于我们这个优秀的团队。

下面和大家一起回顾一下各位领导对二期的评价。

原国防科工委的副主任张华祝是公司的第三任董事长，他非常熟悉二期的情况，对二期有着非常深厚的感情，也能深刻地理解秦山二期的艰难。他说："秦山二期是我国核电国产化进程中新的里程碑，是继秦山一期之后我国自主设计建造核电站的又一次成功实践，它的全面建成为我国核电国产化树立了新的里程碑。""新的里程碑"的提法，是张华祝接受采访时提到的。"秦山二期全面建成为我国核电国产化打下了坚实基础，秦山二期工程的全面建成为我国核电国产化的进一步发展增强了信心，提高了能力，创造了经验。秦山二期肩负着核电国产化的重担。"另外，特别提到后续建设过程中可能存在的困难。他特别有一句话非常实在，"不要以为走过的路后边就没有困难了，没有那回事。"我认为这是对工程的深刻理解。所以大家也不要认为，1号、2号机组走过了，3号、4号机组就会很顺利。张华祝在两年以前就讲过这个话，我非常能理解。包括中核集团原总经理李定凡同志在讲到秦山二期两点特别值得总结，一是尊重科学，二是敢于碰硬。其中，"第二条说的是，依靠一支作风优良、技术过硬的职工队伍，充分发扬了核工业的创业精神，这是工程建成的关键所在。"这里边肯定了我们的职工队伍。

以上对核电国产化形势，也包括对1号、2号机组的简要回顾，当然也特别提到我们得到了上上下下的支持，也包括上级领导对二期工程的评价。现在，最关键的是我们3号、4号机组怎样能把它做得更好，我想稍微谈一点想法。应该说我们3号、4号机在这个时候能够产生，确实是生逢其时，而且有非常多的有利条件，当然也有很多困难。我试图说一下有利条件及可能存在的困难。

第一，有利的条件。从大的环境来讲，核电发展已经成为上下的一种共识，已经被世人所接受。特别国产化的核电站，不再被别人另眼相看，认为我们国家有能力，这也是我们非常有利的一种舆论环境。但秦山二期初期的舆论环境并不好，有人说进口核电站是大学生的水平，国产的就是小学生的水平。如果说初期，大家有这种评论的话也理在其中。但是现在，我们也可以自豪地说，我们受到世人更多的关注和瞩目，而且更多的是赞赏性的评价。当然我希望在这个评价上稍微打个折扣，接受批评的话乘个1.5，接受赞赏的话乘个0.8，甚至乘个0.5。作为我们来讲，还要处于一种谦虚、谨慎的心态。

第二，外界为什么赞赏？在于我们最后的结果，最后的结果不在于提前47天，也不在于你最后总体上圆满的建成，而在于运行的优良业绩。我们去年负荷因子已经达到81.2%，今年我认为完全可以达到87%，而且我说的是两台机组的平均负荷因子，而不是1号机组。1号机组可能还比87%高一点，这是什么水平？世界WANO考核的十项指标，其中一项最综合的指标。我认为这是最综合的指标，负荷因子。也就是实际发电能力，我们能达到87%。那么世界WANO组织统计的结果，中值也只是87%。我们经过四年就达到了，而世界是经过了五十年达到的，而且相当多的机组根本就达不到百分之六七十以上，在百分之五六十之间徘徊。我想这个指标就足以说明问题了。我们的设计水平、建造水平、设备制造水平、管理水平、人员的技术水平，已经足够说明问题了。过去我们二期出去跟设计院谈问题，人家根本不把你放在眼里。现在不一样了，特别是我们对生产工艺的深刻理解。因为我们要运行，不把图纸吃透，不把系统吃透，不把原理吃透，就没办法运行。正因为我们吃透了，掌握了，在谈到的一些论点、论据，我们掌握着第一手的数据，我们的发言是强有力的。确实我认为有一个好的舆论环境，也是对我们有利的状态。当然，这种好的舆论环境是通过我们的工作，通过实实在在的成果取得的。这种好的舆论环境，它要形成一种好的心理状态，这是一种正反馈，是互相有益的一种加速，对我们的项目建设有利。

第三，我认为我们毕竟进行过1号、2号机组的建设，可以说全方位的取得了经验。特别是我们的队伍经过了洗礼，经过了历练，达到了一个新的境界。这是最难能可贵的。我们刚建设完1号、2号机组，马上又转入3号、4号，可以说大家的手艺都还没丢，记忆还没忘，接着再干，轻车熟路。咱们不需要启动时间，这也是我们最大的长处。我们有一批立即可以熟悉工程、熟悉生产准备的队伍，这是非常大的优势。1号、2号机组，绝大部分同志没有参加过核电建设，包括我，我也没参加过核电建设。大部分是新来的学生，另外，调进来的人员和一期支援的估计也就几十位，不到100人。现在有800人，800人都经过了这样一场锻炼。另外，一个项目的成功关键在设计。如果设计垮了，你后边干得再好也没用。我认为设计的难点我们已经突破。非常值得庆幸的是，第一个60万千瓦的设计在运行过程中没有发现颠覆性的、重大的不合理，或者必须进行大的、重要的修改，都是不多的。小型的改进非常正常。我认为从设计来讲，设计的难点已经不存在了。当然不是说完全不存在，毕竟还有很多改进项，有些是比较重大的改进。但重大的改进和当时设计1号、2号机组不是一个分量的难点。这个难点要比1号、2号机组难度要小得多了，所以说，设计难度已经突破，已经不存在更多的难点，这是非常大的优势。另外，包括其他管理工作，比如说生产准备已经扎扎实实地自己做过一遍了。再进行3号、4号的扩建，已经是驾轻就熟的事情了。

但是也必须看到新的困难，必须把大的环节的困难分析到、分析透，这样我们才能够有力地去应对。如果都认为是优势，照葫芦画瓢，1号、2号机组干得还可以，3号、4号机组就肯定更好，不能这么简单地认为。我刚才为什么特意讲张华祝在文章上的一句话，"新建的项目以为走过一遍了，就没有困难了，没有那回事。"我理解这句话它的深刻含义。因为这么大的一个工程，就哪怕完全是翻版，难道后边就没有问题了？我不认为是这样，肯定还会有问题，何况也确实有新的难点。3号、4号机组新的难点，我认为第一个难点是工期提前了一年，1号、2号机组72个月，3号、4号机组是60个月，不要小看这一年。这给现场造成的难度是非常大的。如果说过去设备晚到了，图纸晚到了，后边还有一点弹性，还可以再赶工期，工期少一年弹性空间也就小了，这个必须要清醒的认识到。第二个难点，是设备国产化率的提高。1号、2号机组设备国产化率是55%，3号、4号机组要求达到70%，提高了15%。这15%应该说不小了。国产化是什么概念？为什么提高了难度就大了。难度大，我体会是两个方面。一个方面是技术上的难度。比如国外制造这台设备，人家已经加工几十年了，你订货就行了。他技术难度上可能不大，但也不是说完全没有，也是有的。但国内刚刚开始制造，甚至是试制，或者是第二台、第三台。熟练程度就差得比较多，既要适应法规，又要跟设计院反复的磋商，这种技术上的难度是比较大的。另外，国产化率高了，它的难点还在于合同执行的有效性、严肃性。可以如实地跟大家讲，国内合同执行的严肃性是远远不够的，跟国外根本没法相比。国外的合同签订了就严格执行，他不敢晚，晚了他就得被罚款。国外的厂家往往更重视信誉。你罚他5万美元、10万美元，对他来讲损失不大。他给你多派两个人到现场多干三天、五天，这个钱就赚回去了。但在他的合同上有这个记录，他认为是一种污点。对今后合同的签订，他认为是对形象的重大损失。所以他非常注重维护自己的形象。但国内的设备厂家不是这样，晚上三五个月很正常，晚10个月也可以。而且合同你没办法追究，到头来都是国有企业，追究了半天都是国家的。董事会责难我说2号压力容器拖延了26个月，为什么不打官司？我说这个官司值得打吗？打官司大家就得针锋相对，你准备你的文件，我准备我的文件。我说可能两年之内没有人能裁决下来。哪个法院能裁判压力容器？你说你的理由，我说我的理由。最后能赔偿多少？是造价的5%，5%是多少？是几百万！几百万有必要打这个官司吗？我提前一天发电是650万元的收入，莫不如把精力放在赶紧突破难关，提前发电。国内合同的执行是不好的，1号、2号机组一些重大设备，晚10个月的可能不是一台两台。根据我的记忆，压力容器晚了26个月，汽轮机、发电机至少晚了10个月以上。晚三五个月的设备就太多了。如果在3号、4号机组上再这么个晚法，后边是没有时间去撵的。设备制造拖延交货的风险的可能性必须有充分的预见。我认为这都增加了3号、4号机组建造的难度。尽管很多参建单位参加过1号、2号的建造，但还是力量不足。为什么？一是四个项目建设的后期，还没有看到核电发展的时候，很多人员都流失了。包括设计院、施工单位和监理公司。有很多知名的人都已经转到其他项目里去了，或选择到社会上工作，这种人才流失是很多的。新的核电项目上的很多，对原来不多的人才也是一种分流。如果说过去可能人家50%的力量可以在秦山二期的话，那么新上的阳江、三门、后面有海阳等。比如说一期除了自己开发方家山两台百万机组之外，浙西的点也让他去打前站开发。二期除了咱们3号、4号机组之外，也可能还有福建那边也让咱们先去打前站。三期已经到山东去打前站了。这么多项目对这些参建单位人员的分流，对二期的影响不可小视。本来原本不多的人马，又被这么多新项目分流，真正能用于我们二期建设的力量到底有多少，对这种力量的损失也一定要估计到。在签订合同的时候对人员怎么组建，甚至包括名单，都要有严格的要求。可不能只听招标时的表态，最后一落实都是外边聘的，都是新分来的，都是外边调来的，真正干过的没几个，这种情况的出现是完全可能的。所以，我认为人员的组织，难度是非常大的。从内部的管理上，我认为比1号、2号机组强多了。所以说，客观地分析3号、4号机组的建造，有它很多优势，也有它的难点，个别的地方是劣势。难点是工期，是设备，是合同的执行。劣势是各个参建单位所能组织的人员。所以说，摆在我们公司面前的任务仍然是非常繁重的。也应该说我们公司，我们的总经理部在前一阶段工作取得了很大的成效。我们现场的准备，是很好的，已经全部完成了负挖，已经打了垫层，已经开始绑扎钢筋。另外，沟道已经开始施工，这是1号、2号机组当时完全不具备的条件。1号、2号机组负挖是到1997年常规岛才结束。现在常规岛早就结束了，动工之前早就结束了，所以现场准备环节做得很好。尽管我们前边没有得到核准，但是根据公司的策略，已经正式开始设备谈判了。而且订了很多设备。如果说设备总价是60亿元的话，那么现在十六七个亿元已经基本确定了制造厂家。几大合同的准备有一些已经就绪，也有一些难点，可能后边还很艰难，还会出现困难的。我要特别提醒的是任何一个环节都不能疏忽。99%都非常好，都提前，有一个环节疏忽了，电站照样发不出电来。所以，运筹帷幄是非常重要的，任何环节都得把住。任何一个环节出现了比较大的纰漏，完全可能使我们马上进入一个非常被动的状态，这不是危言耸听。作为一个大项目的管理者，一定要把各个环节掌握住，每个环节都得同步地跟进，才能取得最终的成功。从大的环节讲，我相信有我们1号、2号机组建造的经验，有我们领导班子，特别是总经理部班子，带领全体高素质的职工艰苦奋斗，3号、4号机组肯定会比1号、2号机组建造得更好。让我们共同祝愿3号、4号机组今后一定会取得更大的成功！

2005年8月10日

目前核电发展应急需解决的几个问题

——在全国政协李蒙副主席视察时的发言

我就放开地讲。因为我们在基层，在基层看问题和宏观看还是不太一样的。我认为，到2020年核电装机容量达到4000万千瓦的目标非常宏伟，但是如果不抓住时机，几年时间稍纵即逝。

第一，关于2020年之前的核电发展路线，以及如何确保4000万千瓦目标的实现。

这三五年以来，我国的核电发展在技术路线上、在构架设想上一直在徘徊。我们非常着急。我认为在2020年完成4000万千瓦的目标，难度非常大。根据我们的体会，可能目前国家采取"两条腿走路"的方式，第一条腿是引进第三代核电技术，这个观点可能在两年以前的呼声非常高，好像就是要这么做，一步要上非常高的台阶，但经过这两年多的时间，遇到很多问题，目前可能稍微有点降温，这是我的体会，不一定准。第二条腿就是翻版加改进。翻版加改进又包括两个层面，第一个层面就是原来的翻版，就是秦山二期、岭澳或者叫大亚湾岭澳的翻版；第二个层面就是中核总目前推出的CNP1000／CNP1500，也就是第二代的改进型或者叫两代半，加速研究、设计然后推出。我认为基本上是这样两条腿。但过去似乎第一条腿——引进第三代核电技术可能喊得比较响。我个人认为第三代引进目前是可以的，作为吸取国外经验或者一步棋，第一步起点很高是可以的，但不可能大批都用第三代，作为我个人的想法，最多引进三门和阳江两个项目，这样就四台机组。因为造价非常高，我们国内是承受不了的。如果4000万千瓦都用第三代，电价肯定高，电网也接受不了。但是如果想借引进国外的力量取得一定的经验，掌握一定的技术，可以引进几台，但不能作为一个主流目标，主流是不可能的，这是我第一个看法。

第二个看法，就是要把M310和秦山二期的CNP600这两个翻版作为核电发展的主要思路，因为4000万千瓦的建成就意味着十年之内，即2015年之前必须开工32台相当于百万千瓦的核电机组，也就是说32台百万千瓦核电机组要在10年之内必须开工。前面我讲了，第三代核电机组不可能大量引进，但又要完成4000万千瓦装机容量的核电规划，它的主攻方向在哪儿，我认为是这两个堆型的翻版，因为他们比较成熟。M310就不用说了，肯定成熟。60万千瓦机组已经经过秦山二期验证，已经安全、稳定运行了4年。我认为要想完成4000万千瓦的计划，可能要尽量对其翻版。

中核集团公司目前正在研发CNP1000和CNP1500。CNP1000目前正已完成初步设计，但还没有经过国家核安全局的论证和认可。我认为这个工作要加快，如果迟迟不认可，

CNP1000的工作就不能往下做，特别是详细设计就不可能往下做。初步设计阶段不尽快把它确认，不把它通过，后面就不能做。不能做，这条路就等于堵死了。但CNP1000和CNP1500可能是我们国家今后的主攻方向，但我认为不是最近10年的主攻方向。但十年以后，我认为它是主攻方向。另外，也要相信我们国家的设计力量，我认为掌握CNP1000和CNP1500这个概念性的设计，往下进行施工设计没有问题。昨天杨歧院长也讲了，假如秦山二期当初直接建造90万千瓦，可能比现在建造60万千瓦容易。因为90万千瓦是一比一的参考，直接拿来就可以用了。可是建造60万千瓦我们要消化，要改进，要做大量的试验，变成60万千瓦的。就是更难的我们都实现了，那么直接参考就更容易。我认为CNP1000／CNP1500不是问题。目前的情况应该加快进程，就是国家各个部委该做的工作赶紧结束。然后让中核集团公司组织力量，马上进行下一步工作，这是当务之急。因为这块不突破，CNP1000永远推不出来，但是为什么我说，即使它推出来了，这十年内可能不会作为主力堆型，毕竟可能要经过一个试验性质的阶段，可能建造成功运行两年以后，确认没问题，然后才大力推出。但我认为CNP1000和CNP1500可能是我们八年、十年以后推出的一个主力堆型。这就是为什么我说，近十年，要以M310即岭澳和秦山二期的翻版作为核电发展的主攻方向。这三个层次我不知道说清楚了没有。这是我个人的观点。

目前，我们国家马上进行建造，就是翻版建造的，也就是岭澳的翻版（M310的堆型）和秦山二期堆型（CNP600）的翻版，但是M310毕竟是国外指导下或者说是国外设计，用了大量的国外设备。但秦山二期是国产化的、自主设计的机组，用了大量的国内设备。如果秦山二期这几年不翻版几个，就不可能在设计上让CNP600走向成熟。通过翻版建造，可以走向成熟，这是它的一个作用。另外，翻版可以推动国内机电行业的发展。CNP600作为它本身的经济性上来看，不足的是厂址要占用得多一些，这是唯一的不足。但从经济性来看，秦山二期的经济性是比较好的，电价是最低的。虽然说大容量的机组应该有规模效益，它应该更好，但是设备等主要靠进口，它的电价实际上很高，电价都比秦山二期的高。效益我不敢说，这是各个单位自己掌握，但是从二期来看，它们的效益优于设计阶段，优于预测的效益。从效益这个角度来看，我认为是没有问题的，那么它唯一不足就是浪费一些厂址。为什么要发展60万千瓦的核电机组，因为有些地区是小电网，他们不希望上100万千瓦的机组，因为一旦机组出事故，就会把整个电网拉垮。另外，我只是说在目前10年的过渡阶段，应该进行翻版，长期肯定不能再发展60万千瓦，目前这10年60万千瓦可能不能丢，而且要再发展几台。当然不一定太多，但是如果全是M310的翻版，那还是国外技术。至少这10年通过再翻版几台CNP600，咱们的设计能力会从必然王国走向自由王国阶段，非常自由了，非常成熟了。现在可能还有些知其然不知其所以然的地方。再经过几台的设计、建造，我认为所有的都是自己的，从锻炼设计队伍角度来讲，是有意义的。所以应该再发展几台，关键是国产化，其他的还是进口。

另外，还有一个观点就是CNP1000的推出不要等第三代招标不成功，过去有种说法就是第三代招标失败，那么考虑国内自己的二代加、二代半。我认为两个应该同步推出，而且都得加快，因为第三代的谈判可能不是那么容易，价格想大幅度的降低是不可能的，国外就是要赚你的钱，而且最新技术，价格不可能不高。中核总要加快进程推出CNP1000。目前国家该审批的部分赶紧过，过了之后中核总组织力量进行后面的设计，让它进程短一点，但再短，CNP1000能开始施工估计也得四五年以后，所以要加快。这是我的一个观点。

第二，进口设备的免税问题。

这个问题是针对二期来讲的，紧迫性是针对二期的，但整个政策对其他电厂是一样的。对于二期扩建工程的免税政策应该尽快批，不然就来不及了，我们现在已经订了一些国外设备，有的设备材料也要进口。如果免税政策还不批复的话，我们就需要支付交税的价格。这样对核电发展是不利的，因为1号、2号机组建造的时候，进口设备都是免税的，如果3号、4号机组不再免税，造价就提高很多，可能要提高20%左右，这样从电价上讲承受不了。所以对二期扩建工程来讲，要快点批复设备免税政策。

第三，核电电价的确定方式。

核电的电价到底怎么确定，国家应该有宏观的政策。对火电，火电的电价政策国家已经确定了，就这个电价。我们和电网谈判时，问电网，按照火电的政策为什么不给我核电这个价，人家说这是火电，不包括核电。作为一个上级特别是国家职能部门，有利于他的就执行。核电就没这个政策，不光是超发电量。去年发改委对各个地区的电价有一个文件。我记得，不包括今年的涨价，对华东地区的提法是脱硫火电电价是0.385元，对于浙江省脱硫火电电价是4毛，新上电厂的定价就是0.4元，而且不谈超发电量。核电这一块是根据负荷因子定一个基价，在计划之内有一个价格，计划之外又给一个很低的价格，这样综合起来，二期的电价为0.385元，表面上是0.414元，我已经比浙江火电电价都低了，还不包括今年火电的涨价。今年火电电价全国涨了0.02元多，浙江可能涨了0.03元多。实际上浙江火电新上网的价格是0.42元或0.43元吧。但我秦山二期只有0.385元。而且电价我们谈的非常艰难。跟华东电网电价谈判大概谈了3到4年，最后还是发改委电价司组织开会，敲定（超发电电价发改委不管，它只管规定容量，计划容量。计划容量，它就根据成本加微利这个原则定价。80亿度电的情况下给你0.414元，但我们今年发电量100亿度，超发的20亿度是0.25元，综合电价0.385元）。核电没有一个国家政策确定的电价，每个电厂和电网单独去谈，特别费事，特别复杂。希望国家有一条明确的政策，核电不要参与竞价上网。这样才能确保核电的安全性，另外一家电厂单独和电网谈很麻烦。国家要有统一的政策。核电要带基本负荷运行，为此我们和电网解释了很长时间，核电机组不要参与调峰，我国核电比例本身就很小，不要以一种有一定危险性的方式来要求核电，不要调峰，只带基本负荷运行，不要参与竞价上网。

第四，在核电发展初期，还是要给税收的返还政策。

现在是给的，给五年。但我估计在我们发展阶段，至少在2020年之前，核电还是需要扶持。大家老是拿核电跟火电比，火电它有100年的历史了。有些老厂，老厂和新厂互相背，老厂的成本很低，折旧早就没有了。新核电厂投资很大，折旧很大。火电当时是计划体制下的投资，本质就是国家投资，根本不用业主自己还贷，现在核电都是业主在投资，股东方在投资，跟过去在国家政策扶持下的火电去竞争，我认为这也不是在同一起跑线上（李蒙副主席问所得税的问题，李董事长回答：所得税33%，增值税17%，增值税的80%返还（国税），地税不返还，交给地方了）。在核电发展初期，2020年之前都应该叫初期，它还没有构成一个完整的思路，很多项目都是在初期的建造，取得经验的过程，如果这个思路形成了，大批发展了，投资肯定下来，现在一个个是试验性的，投资肯定高，确实需要国家扶持。2020年之前新建造电厂的税收返还政策继续，老电厂适当延长。（李蒙主席说：新旧电厂的税收返还政策均延长到2020年。）这个扶持还是需要的，否则电价会更高。扶持的话，这样电价是可以接受的，才能得到公众的认可。这个发展过程一定要经历这一个阶段，一定需要政府扶持。你把它扶持上去了，它形成规模了，投资自然就下来了，为什么国外核电的成本很低，它已经跨越了这个阶段。在这个阶段，你硬要去和火电比，我经常讲核电就像3岁的孩子，非要和20岁的青年比赛跑，比不过（李蒙副主席问综合折旧的情况，李董事长回答：目前，平均折旧是20年，平均5％，不同项目有所区别，但差别不大）。

第五，核准制必须要加快。

核准制是一个新的批准程序。但这个程序概念不清楚。作为二期的核准我们觉得很麻烦，国家要发展核电，国家怎么用一些细则把核准制规定下来，加快核准进程。我们认为秦山二期扩建工程技术很成熟，但核准很慢，到今年7月26日扩建工程才核准，到现在为止，核准文件还没有下发。

第六，对核电的造价不能苛求。

不要认为造价压得越低越好，因为核电毕竟是一个特殊行业，要保证它的安全性，另外要保证它的运行质量，你说再低点我们能不能造出来，也能造起来，但是都买最便宜的设备，它就不会有好的运行质量，这里有个性价比的问题。所以说核电站造价不是越低越好。一定要能达到它优良的性能那种造价，可能是经济效益是最好的。但是，往往评审的时候有一种错误的概念，这儿砍一块，那儿砍一块，砍得支离破碎，最后造价下来了。造价下来了，但是不一定能达到好的性能。

我觉得电价国家应有一个量的掌握，比如说就是规定每千瓦多少钱。在这个前提下，你去安排买什么样的设备，你精明的话买点好的设备，看起来多花了钱，但能一直连续运行。你买便宜的设备，今天这设备不行了，明天那设备不行了，最后的效果不见得好，但这个概念在评审时很难被理解，每次概算评审时都争论很大。

就说这么几点。

2005年9月12日

文化助推秦山二核快速发展

秦山第二核电厂是我国第一座自主设计、自主建造、自主管理、自主运营的商用核电站，它的建成发电实现了我国核电由原型堆向商用核电站的重大跨越。作为一个现代化的新型企业，我们在工程建设阶段，就着手企业理念建立，用企业文化体现企业精神，把职工的积极性、创造性与现代化的科学管理结合起来，努力使国产化核电的管理向世界一流核电站水平迈进。

我从三个方面谈谈我公司企业文化建设方面的一些实践和体会。

一、弘扬核工业优良传统，建立以"开拓进取，求实创新"为核心的企业文化

纵观中国核能技术发展史，从"两弹一艇"到利用核能发电造福人民，在中国核工业人身上，体现的是一种自强不息、艰苦奋斗的民族精神。这种民族精神，正是我们企业文化的灵魂。

党和国家领导人对秦山二期的殷切期望是我们不断前进的动力，邹家华同志为我公司题写的"开拓进取，求实创新"诠释出

秦山二核的企业理念。

开拓进取，搞国产化核电站没有开拓进取精神是不行的，作为首座国产化核电站，我们在管理、设计、设备制造、施工等多个方面都率先进行了尝试和努力。每一个参加过工程建设的建设者都有一个很深的感触，那就是秦山二期是拼出来的。在这个过程中，我们完成了繁重艰巨的任务，承受了巨大的精神压力，但正是用这种精神，创造了国内核电站建设中的多个第一，《秦山600MW核电站设计和建造》项目先后获得了国防科学技术奖一等奖、国家科学技术进步奖一等奖，并获得了由584名两院院士投票推选的2004年全国十大科技进展项目第二名。开拓进取，在秦山二核不是一个口号，而是行动。

求实创新，对于搞核电站这样复杂而又有高度安全要求的系统工程，必须尊重科学，树立严细认真、实事求是的工作作风。对于搞国产化核电站，树立自己的核电品牌，没有开拓创新精神，是根本实现不了的。

我们在企业文化建设过程中，正是以国产化核电站的自豪感、荣誉感激励员工，把企业理念贯穿到每个人的行动中，形成了我们有自己个性的企业文化，这些年来，广大青年学子受核电企业吸引，投身核电、扎根核电的建设者越来越多。

二、借鉴世界先进核电站经验，深化核安全文化

安全是核电站的生命线。公司围绕安全为中心，牢固树立"安全第一、质量第一"的理念，建立了一整套具有自身特点的安全生产保障体系和安全生产监督体系，编制了各类管理程序、操作程序和规章制度等。目前，我们已制定生效运行规程975份，维修规程1472份，以及上千份其他规程和管理制度。工作和行为的制度化、程序化、规范化是秦山二核企业文化的一个重要特色。

在建立各项制度的同时，我们注重核安全文化建设，大力提倡"探索的工作态度，严谨的工作作风，相互交流的工作习惯"这一国际核电站推广的文化理念，我们坚守这一理念并将它作为核安全文化的核心。核电站是一个融合众多学科、众多领域的复杂系统，客观要求各学科各领域必须形成互相交流、互相学习、彼此兼容的习惯，才能共同提高并保证核电站的正常运行。

企业文化建设的目标是使生硬的制度和规定变成员工的自觉行为。当有一大批人都自觉认同并执行某种习惯和规则时，就自然形成了一种文化现象，它是企业对人对事的一种共同心态，这就是企业文化。多年来，我们一直向着这个目标在不断努力。

三、强化软硬件建设，全方位推进企业文化建设

企业文化中视觉识别属于企业的硬件，能够给人直观的视觉效果。公司率先在国内核电站建立了自己的企业形象识别系统，编制了《企业形象识别手册》，确定了司徽、司旗、司歌。公司创办了《秦山二核》报和《核电潮》《秦山二核（技术刊物）》杂志及网络，出版了几十种不同类型的画册和书籍，全方位、多层次地诠释了民族核电文化的内涵和外延，以艺术审美空间营造核电文化的氛围。在工程建设和营运期间，我们通过新华社、人民日报、中央电视台等主流媒体对国产化核电的宣传报道，使公司在全国的知名度越来越高。

通过这些年的努力，公司在企业文化建设方面取得了丰硕的成果。2003年，公司荣获中华全国总工会颁发的"全国五一劳动奖状"。2004年，内刊《核电潮》被评为全国优秀企业内刊特等奖，我公司相继荣获"中国企业文化建设先进单位"、"全国企业文化建设实践创新奖"、"中国十大最具文化价值品牌"，职工生活区多次荣获嘉兴市、浙江省"绿色社区"、"文明社区"等荣誉称号，2005年，小区入选全国首批"绿色社区"。

丰硕的企业文化成果反过来促进了企业的发展。2002年4月15日，1号机组比计划提前47天投入商业运行，2002年和2003年机组负荷因子分别达到74.9％和81.2％。2004年5月3日，2号机组投入商业运行。2005年，1、2号机组提前26天完成全年发电任

务，截至12月31日，全年发电总量达到101亿度，1号机组负荷因子为92％，2号机组负荷因子为85％，首次实现全年非计划停机停堆零次。

经过建设秦山二期这一伟大的、跨世纪的工程，我们塑造了崭新的企业文化、经营理念和独到的管理方式，这样的企业文化成长于这项伟大的工程，反过来又极大地促进了这项工程的顺利进行。令不行而有秩，禁不至而有序，功罚不明而不逾矩。我们追求的就是这样的企业文化，具有艺术之美的企业文化。

（原载于《核电潮》2006年第11期）

承上启下　不断进取　为核电发展做出新贡献

——在秦山核电二期工程国家竣工验收暨扩建工程开工仪式上的讲话

　　四月的秦山，春光明媚。在这美好的时节，中核集团秦山核电二期工程国家竣工验收暨扩建工程开工庆典仪式隆重举行。在此，我代表核电秦山联营有限公司的全体职工，向在百忙之中出席仪式的各位领导、各位嘉宾表示最热烈的欢迎和衷心的感谢!

　　经过国家竣工验收委员会成员的辛勤工作，今天，秦山核电二期工程将通过国家竣工验收，这标志着历经近二十年的艰苦拼搏，秦山核电二期工程的建设即将画上一个圆满的句号。

　　秦山核电二期工程是我国首座国产化商用核电站，装机容量为两台60万千瓦压水堆核电机组，建设工期72个月，工程总投资计划为148.27亿元人民币，电站设计寿命为40年。按照国务院制定的"以我为主、中外合作"的方针，通过自主的方式进行建设。1987年10月工程立项，1996年6月2日1号机组正式开工，2002年4月15日和2004年5月3日1、2号机组先后投入商业运行。工程的全面建成投产标志着我国自主建造大型核电站实现了从原型堆向商用堆的重大跨越。

通过自主设计、自主建造、自主管理和自主运营，秦山二期成功地实现了"质量、投资、进度"三大控制，实际投资144亿元，较概算节省4亿多元，单位千瓦造价为1330美元，远低于国内外同期建造核电站的造价，55项大型关键设备，有47项实现了国产化，两台机组的平均国产化率达到55％。机组投运后，取得了良好的运行业绩和经济效益。1号机组2003年、2004年、2005年三年的负荷因子分别为81.2％、82.2％、92.8％，呈逐年提高趋势，并在第四个燃料循环中，创造了316天的最长连续运行天数。2005年，2号机组负荷因子为85.2％，两台机组的平均负荷因子为89％，均无非计划停机停堆，保持了安全稳定运行。累计向国家上缴利税近28亿元。

两台机组良好的运行业绩充分说明了秦山核电二期的设计、建造、管理和运营是成功的，也充分证明了我国已具备自主设计、自主建造大型核电站的能力，更有力地证明了国务院制定的"以我为主、中外合作"建设方针的正确性。

今天，我们在这里欢庆1、2号机组通过国家竣工验收，更让我们深刻地体会到，秦山核电二期工程的成功建设和顺利投产归功于党中央、国务院的正确领导和关怀，归功于中央各部委、省、市、县地方党委、政府的大力支持。秦山核电二期工程从1987年10月工程立项，到今天通过国家竣工验收，历经近二十年。作为我国首座国产化商用核电站，由于外部环境的变化和客观条件的限制，曾遇到过很多困难与问题，但是，我们自始至终得到了党中央、国务院的关怀，得到了国家有关部委的支持。胡锦涛、吴邦国、温家宝、曾庆红、李鹏、曾培炎等中央领导同志不仅在工程关键时期及时给予重要指示和做出重大决策，并多次深入工程现场，鼓舞员工士气，各有关部委和地方政府也积极协调帮助解决许多重大问题。

同时，我们也深深地体会到，秦山核电二期工程的成功建设和顺利投产归功于核工业几代领导者和历届董事会的正确领导和大力协调，归功于各承建单位、设计院、国内外设备制造厂的良好协作，归功于公司历届总经理部班子的努力工作和广大职工的奋力拼搏。

今天，秦山核电二期工程通过国家验收，这只是工程建设阶段的结束，同时也是新征程的开始，我们更重要的任务是管理好、运行好这两台机组。我们将继续保持清醒头脑，戒骄戒躁，脚踏实地，严格执行国家核安全法规，确保两台机组的安全稳定运行，为华东地区的经济发展做出贡献，不辜负上级领导的殷切希望。

今天，在庆祝1、2号机组顺利通过国家竣工验收的同时，也迎来了秦山核电二期扩建工程的开工庆典。秦山二期扩建工程于2005年7月经国务院核准立项。国务院对扩建工程的总体要求是："全面掌握改进型第二代压水堆核电站的工程设计和设备制造技术，促进核电产业的自主化，并为第三代核电技术自主化工作打下基础"。按照这一要求，扩建工程较1、2号机组在技术指标上有了更大的提升：第一，建造周期由72个月压缩到60个月；第二，设备国产化率由55％提高到70％；第三，设计负荷因子由

65％提高到75％；第四，将进行以十项重大技术改进为重点的近千项改进，其安全性、经济性有更大的提高；第五，上网电价可与同期、同地区的脱硫火电电价相竞争。今天，扩建工程即将正式开工，下一步，我们将严格按照国务院的要求，坚持"以我为主、中外合作"的方针，全面落实核电国产化方案，吸取1、2号机组建设中的经验和教训，为新一轮核电站的建设"开好局、起好步"。我们一定要在中国核工业集团公司和董事会的领导下，把3、4号机组建设得更好，为中国核工业集团公司CNP系列核电站增光添彩，为民族核电的发展做出我们的贡献。

最后，请允许我再次代表核电秦山联营有限公司向给予秦山核电二期工程和扩建工程关心、支持的各级领导表示最衷心的感谢，向验收委员会的各位领导、各位专家所付出的辛勤劳动表示最诚挚的谢意，对远道而来出席庆典仪式的各位领导、各位来宾表示最衷心的感谢。

（原载于《核电潮》2006年第12期）

强化管理　提升效率

为国产化核电站增光添彩

——在 3 号反应堆厂房穹顶吊装仪式上的讲话

今天，我们再次欢聚在美丽的杭州湾畔，隆重举行中核集团秦山核电二期扩建工程3号反应堆厂房穹顶吊装典礼，在此，我代表中核集团核电秦山联营有限公司向百忙之中出席今天仪式的各位领导表示最热烈的欢迎。

2006年4月28日，曾培炎副总理亲临秦山核电二期扩建工程现场，亲手启动开工按钮，郑重宣告了我国"十一五"期间开工的首个核电项目——中核集团秦山核电二期扩建工程3号机组正式开工，中核集团公司党组书记、总经理在开工仪式上发表了重要讲话，对扩建工程给予了重要指示，给扩建工程的广大建设者莫大鼓舞。

工程开工后，在党中央、国务院的正确指引下，在国防科工委、国家核安全局等有关部委的关心支持下，在中核集团公司和各股东单位的正确领导下，通过各设计院、施工单位和监理单位等的大力协同和辛勤工作，工程进展顺利。继2007年1月28日4号机组开工后，今天，3号机组反应堆厂房穹顶吊装节点又比计划提前3个月实现，这是工程建设的一个重要里程碑节点，标志着3号机组的建设工作将由土建阶段转向安装阶段。

秦山核电二期扩建工程于2005年7月经国务院核准立项。国务院对扩建工程的总体要求是："全面掌握改进型第二代压水堆核电站的工程设备和设备制造技术，促进核电产业的自主化，并为第三代核电技术自主化工作打下基础。"在工程建设过程中，董事会在中国核工业集团公司等股东单位的正确领导下，严格按照现代企业制度，全力支持配合总经理部的工作，坚决贯彻国务院的要求，坚持"以我为主、中外合作"的方针，全面落实核电国产化方案，吸取1、2号机组建设中的经验和教训，努力为新一轮核电站的建设"开好局、起好步"。

作为"十一五"开工的首个核电项目，作为中核集团公司推进国产化核电发展的重要组成部分，秦山核电二期扩建工程始终得到了国防科工委、国家核安全局、中核集团公司、中核建设集团、各股东单位的大力支持和关心，这些关心和支持促进了工程各项工作的向前推进。各位领导在百忙之中出席今天的吊装仪式，共同见证这一工程建设的重要节点，并对我们的工作给予许多重要指示，这是对我们广大工程建设者莫大的鼓舞，必将进一步激发广大工程建设者为工程建设做出新的更大的贡献。

辉煌属于过去，挑战还将继续。乘着十七大的春风，我们将深入贯彻十七大会议精神，紧紧围绕生产运营和扩建工程两大中心任务，全面落实科学发展观，继续解放思想，不断开拓创新，坚持以人为本，在中国核工业集团公司等股东单位的大力支持下，进一步强化董事会的规范化管理，提升董事会的运作效率，提高董事会的经营管理水平，领导总经理部把1、2号机组运营好，把3、4号机组建设好，为国产化核电站增光添彩，为中国核工业集团公司的"3221战略"做出应有的贡献，为各股东单位创造更好的效益。

最后，请允许我再次代表中核集团公司核电秦山联营有限公司对各位领导亲临秦山二期出席仪式表示最衷心的感谢，对各位领导长期以来对秦山二期的支持关心表示最衷心的感谢！

（原载于《核电潮》2007年第17期）

满怀激情　不断开创民族核电的新辉煌

2007年10月，国务院批准颁布了《核电中长期发展规划（2005—2020年）》，翻开了我国核电发展新的一页。在这一年里，在中核集团公司的领导下，秦山二核坚守"事业高于一切、责任重于一切、严细融入一切、进取成就一切"的核工业精神，满怀激情，超越梦想，不断开创民族核电的新辉煌。

2007年12月26日，这是一个令人振奋的日子，秦山核电二期工程作为七个项目之一荣膺首届中国工业大奖表彰奖。2007年，中核集团公司荣获国务院国资委第一任期考核A级企业，被授予"业绩优秀企业"和"科技创新特别奖"，实现赢利25亿元，达到了一个新的历史高度。秦山二核作为中核集团大家庭的一员，也随着中核集团公司的逐步强盛而壮大，在2008年初召开的中核集团公司年度工作会上，秦山二核荣获中核集团"经济发展突出贡献奖"和"科技创新特别奖"。

这一切成绩的取得，源于中核集团公司和董事会的正确领导，更源于秦山二核所交出的亮丽的成绩单。秦山核电二期工程的广大参战者，经过艰苦卓越的努力，成功建设了我国首座国产化商用核电站——秦山核电二期工程，实现了我国自主建设核电站由原型堆向大型商用堆的重大跨越。建成后，机组运行稳定，取得了良好的经济效益和社会效益，为中核集团公司的发展壮大做出了重要贡献。2006年4月28日，作为我国"十一五"开工建设的首个核电项目，扩建工程正式开工建设，掀开了公司发展新的一页。

2007年，亮丽的成绩单又添上重重的一笔。2号机组全年无非计划停机停堆，负荷因子为90.7%，综合指标列WANO发布的2006年全球438座核电站的第60位。4号机组于1月28日开工，标志扩建工程步入全面建设阶段，3号机组反应堆厂房穹顶于12月28日吊装成功，比计划提前了整整三个月。

经过多年的经验积累，1号、2号机组已步入运行稳定期；扩建工程也已进入全面建设时期，工程进展顺利，可以说，公司各方面工作已步入良性发展轨道。

潮平两岸阔，风正一帆悬。回顾过去，展望未来，在中核集团公司的正确领导下，秦山二核必将取得更大的成就，开创民族核电新的更大的辉煌。

2007年12月26日

秦山核电发展与地方经济的关系

——在核电厂和地方政府交流会上的发言

我来自核电秦山联营有限公司，即通常所说的秦山二期，我公司是中国核工业集团公司的下属企业，坐落在浙江省嘉兴市海盐县境内。很高兴有机会与在座的各级领导、朋友们一起交流、探讨核电发展与地方经济的关系。下面，我就从四个方面来谈一下我的认识和体会。

一、海盐及秦山核电基地的简况

海盐县是位于浙江省北部杭嘉湖平原的一个滨海小县，置县于秦王政二十五年（公元前222年），因"海滨广斥，盐田相望"而得名。现常住人口36.6万，外来人口13万，辖8个镇、104个行政村。全县陆地面积534平方公里，海域面积537平方公里。

海盐，可能在座的大部分领导、朋友都不是很熟悉，但是如果说起钱江潮、杭州湾跨海大桥，说起步鑫生，说起秦山核电站，相信绝大部分的领导、朋友都听说过，都不会觉得陌生了。

杭州湾跨海大桥，全长36公里，是世界上目前最长的跨海大桥。钱江潮源，闻名天下的钱江潮成型在海盐，至海宁盐官处形成强潮，现在到钱江潮源头看初涌已为众人所知。另外，20世纪80年代初，原海盐衬衫总厂步鑫生在全国率先进行企业人事、分配和管理制度改革，拉开了中国城镇企业改革的序幕。

但是，海盐最为著名的可能就是秦山核电基地。坐落在海盐境内的秦山核电站是我国第一座自行设计、自行建造、自行调试和运营管理的核电站，受到世人的高度关注。其一是周恩来总理亲自确定的项目，它的建成结束了中国大陆无核电的历史，成为中国自力更生、和平利用核能的典范。二是在建成后，被时任国务院副总理的邹家华誉为"国之光荣"，被时任国务院副总理的吴邦国誉为"中国核电从这里起步"。

秦山核电站1985年3月20日浇灌第一罐混凝土，1991年12月15日首次并网发电。如今，海盐已成为中国的一大核电基地，建成的有秦山一期、二期、三期，总装机容量为300万千瓦，正在扩建的有秦山核电二期扩建工程和秦山一期扩建工程，扩建的总装机容量为330万千瓦，完工后核电总装机容量将达到630万千瓦。整个秦山地区将成为多业主、多堆型、多型号核电基地，年发电量450亿千瓦时左右，按照现行电价计算，预计售电收入180亿元人民币左右。

因为我来自秦山二期，因此，我要特别介绍一下秦山二期的简要情况。

核电秦山联营有限公司是中核集团公司的重要骨干企业，

目前由中国核工业集团公司、浙江省电力开发公司、申能股份有限公司、江苏省国信资产管理集团有限公司、中电投核电有限公司和安徽省能源集团有限公司等六家单位共同持股。公司目前管理两台65万千瓦运行的机组，即秦山核电二期1号、2号机组，两台机组年发电量约100亿千瓦时，另外还管理两台正在建设的机组，即3号、4号机组。每台机组的装机容量为65万千瓦，总装机容量为260万千瓦。

1986年1月，秦山核电二期工程由国务院常务会议决定建设。1996年6月2日，1号机组主体工程正式开工，这是我国"九五"期间开工的唯一国产化项目，也是我国首座国产化大型商用核电站。2002年4月15日，1号机组提前47天投入商业运行，2004年5月3日，2号机组投入商业运行。秦山核电二期的全面投产，是我国核电发展史上的又一个里程碑，实现了我国自主建设核电站的重大跨越，它的安全稳定运行，标志着我国已经具备自主设计建造大型商用核电站的能力，进入世界核电站设计建造的先进国家行列。

两台机组的出力平均达到67万千瓦，远高于60万千瓦的设计出力；单位千瓦造价为1330美元，远低于国内同期引进的核电站，也是世界上建成和在建核电站中造价最低的之一，每千瓦时0.393元的上网电价是国内几座核电站中最低的。

1号、2号机组投入商运后，取得了良好的运行业绩，为国产化核电争了光，也消除了世人对核电国产化的疑虑。从2002年到2007年，两台机组共发电441亿千瓦时，运行稳定性逐步提高，两台机组的负荷因子呈逐年提高趋势，大修时间逐步缩短，年非计划停堆停机次数逐步降低。1号机组投产第一年的负荷因子就达到74.9%，超过65%的设计负荷因子，2号机组在2004年投运后，2005年至2007年连续三年无非计划停堆停机，连续安全运行958天。更为可喜的是，2号机组2006年和2007年的综合指标位列全世界440台运行核电机组的第57位和第60位，作为大陆首座国产化商用核电站，投运短短几年就达到如此高的水平，在国际、国内都引起了较大反响。

由于良好的运行业绩，公司也创造了良好的经济效益，从2002年到2007年底，公司连续实现六年盈利，累计实现利润23.27亿元，而在电价测算前六年的累计利润为5.17亿元，六年共实现净利润15.09亿元，股东实际分配14.68亿元。在取得良好利润的同时，公司按计划并适当提前还贷，六年实际还款45.27亿元，占118.48亿元的总还款额的38.21%，提前还款9.62亿元人民币。

在1号、2号机组即将全面建成之际，我们即着手3号、4号机组的筹建。2004年3月，中核集团公司向国家发改委递交了项目建议书。2005年6月，在正式递交项目建议书不到一年半的时间，国务院常务会议就核准了3号、4号机组。

3号、4号机组作为1号、2号机组的"翻版加改进"项目，在技术上，将进行以"十项重大技术改进"为中心的上千项技术改进，负荷因子也将由65%提高到75%，设备国产化率由55%提高至70%；建设工期也由72个月缩短至60个月，比1号、2号机组整整提前了一年。

2006年4月28日，"十一五"开工的首个核电项目，秦山核电二期3号机组正式开工，同时1号、2号机组通过了国家竣工验收。为此，温家宝总理专门做出批示，在批示中说：秦山二期工程，坚持自主设计和创新，取得多项重大技术成果，走出了一条我国核电自主发展的路子。另外，吴邦国委员长、曾庆红副主席、曾培炎副总理等也专门做出重要批示。这些批示均高度评价了秦山核电二期工程1号、2号机组和3号、4号机组在我国核电发展中所起的重要作用。2007年1月28日，4号机组开工，目前工程进展顺利。

二、秦山核电的发展改变了海盐地方对核电的认识

秦山一期筹建指挥部于1982年12月3日从上海市搬迁到了海盐县城，秦山核电建设的序幕由此拉开。秦山核电工程落户海盐，在全县干部群众中激起了较强反响，干部群众既感到高兴，也感到担心。高兴的是：秦山核电工程在我国核电建设史上具有标志性的意义，工程落户海盐，是海盐的机遇，也是海盐的荣誉；秦山核电是国家"六五"计划重点项目之一，总投资17.75亿元，是一个地位高、投资大的项目，工程的建设和运行，必将对推动海盐经济发展和社会进步带来长远的积极影响。担心的是核电的安全性。核电站是利用核能发电的技术，利用原子裂变产生的能量，把水加热成蒸汽，驱动汽轮发电机发电的。在80年代

初期，"文革"刚刚结束，人们对核电知识的了解相对缺乏，把核电厂与原子弹等同起来看待，错误地认为核电厂也会像原子弹一样爆炸。第二次世界大战期间美国在日本投掷两颗原子弹，对日本两个城市造成了毁灭性的打击，也使世人第一次实际了解了原子弹的威力，产生了核恐惧心理。特别是苏联切尔诺贝利及美国三里岛核事故的发生，经过媒体的渲染，更使人们谈核色变。海盐县地方政府的领导也担忧，核电厂坐落海盐县境内，会不会影响海盐的投资环境，影响地方的招商引资工作。

针对群众的恐核心理，海盐县地方政府通过多种途径、多种形式，向不同对象宣传普及核电知识，使群众了解什么是核能；核能与核辐射的应用；发展核电的意义；反应堆不是原子弹、不会爆炸；辐射可以防护、并不可怕等方面的知识。通过核电知识的普及，干部群众逐渐对核电有了正确的认识，对核电的种种疑虑逐步消除。90年代中期，在海盐县相继建设四台核电机组的过程中，干部群众都不再怀疑核电，而是更加积极地支持核电建设。秦山一期1991年并网发电之际，浙江省嘉兴市卫生部门与市妇幼保健部门同步进行一项《中美合作预防神经管畸形项目》的研究，1991年至2001年10年进行长期跟踪监测，监测数据表明，处在核电厂周围的海盐县婴儿平均出生畸形率略低于全市平均水平。而据科学研究证明，生殖细胞是对环境最敏感的细胞，孕妇若受到过量辐射会影响胎儿发育，会引起不同程度的畸形，这是世界公认的结论。浙江省环境监测部门专门在秦山地区设立了放射性物检测站，对秦山地区核电站的日常运行，行使着政府环境监督管理职能。2000年8月起，每季度一次向公众发布秦山核电基地外环境监测结果。多年来的监测结果表明，核电站周围环境的辐射水平较建厂前未见增高，也没有检测出碘-131放射性特征核素。监测数据均在"天然本底（指自然辐射）范围内波动，至今也没有发生任何环境影响。

20世纪90年代以来，海盐县招商引资工作也一直保持着较好的发展态势，大量外资企业、县外内资企业为海盐县优越的区位和交通条件所吸引，入驻海盐县投资创业。目前全县共有外资企业195家、县外内资企业835家。核电项目的建设，也吸引了众多的核电建设单位相继参与海盐县核电建设，中国核工业中原建设公司、中国核工业二二建设公司、二三建设公司、二四建设公司、五公司等在海盐设立了分公司，承担核电建设任务，二三建设公司第三工程公司在海盐设立基地，长期扎根海盐，服务全国核电建设。

2007年，全县实现合同利用外资2.5亿美元、实到外资1.3美元；实到县外内资13.3亿元，外资增幅位居全市首位。大量数据表明，地方政府和人们之前对于核电影响招商环境的担忧是多虑了。

进入21世纪，随着国家能源战略的调整，核电被摆上了更加重要的位置，核电迎来了大发展的"春天"。海盐县的核电企业正在紧抓机遇、大张旗鼓地搞扩建，不断做大产能。海盐当地的干部群众，也正以更加积极的姿态，全力支持、配合核电建设，为海盐秦山核电的加快发展献策出力。

三、核电发展极大地促进了地方经济的发展

核电作为一个综合产业，在海盐县经济社会发展的过程中起着举足轻重的作用，极大地促进了地方经济的发展。

1. 核电发展增强了海盐县域综合经济实力

核电的大建设、大投入、大产出，核电企业单位多、投资大、产值高，员工及其家属数量众多，众多的核电业主、核电施工单位形成了一个核电产业，带动了海盐县经济综合实力的提高，在海盐县经济社会发展的过程中起着举足轻重的作用。据不完全统计，从80年代初期核电进入海盐县起，至2007年底，核电各项建设累计投入资金数百亿元，直接拉动了地方经济的快速增长。2007年，海盐县实现生产总值180亿元，其中核电系统实现生产总值50亿元，占全县的28%；核电也为县级财政总量的提高做出了积极贡献，2007年，海盐县实现地方财政收入8.07亿元，其中核电系统贡献1.06亿元（不包括施工单位、教育附加费）。此外，在核电应急道路建设、县教育基础设施建设、城市建设、市政设施建设等工作中，核电系统也提供了很大的资金支持。建设初期，大批核电建设者租住核电站周边农户民房，有效增加了当地农户的收入。

2. 核电发展提高了海盐县的知名度

如前面所述，秦山核电基地的三家单位在我国核电发展史上意义重大，一直受到党中央、国务院和社会各界的高度关注。党

和国家领导人经常来秦山核电基地视察指导，中央有关部委和省级有关领导也常来核电站检查工作，国内外众多核电建设者、专家来秦山基地工作，国内外新闻媒体经常报道秦山核电基地建设和运行情况，慕名来秦山核电参观的人士更是络绎不绝，这使得海盐县的知名度得到了很大的提升。

3. 促进了海盐县旅游业的发展

秦山核电基地不仅是核电工业的基地，也是普及科学知识、接受爱国主义教育和旅游基地。秦山核电基地建成至今，已累计接待40多个国家和地区5000多名外宾参观旅游。目前，每年接待国内外游客数万人，秦山核电工业游已经成为海盐县重要的特色旅游项目。

4. 核电发展带动了城市建设

大批核电人在海盐县城安家落户，催生了大规模的核电住宅小区，有力推动了县城建设。海盐县现有核电系统职工及其家属约1.3万人，约占县城常住人口的7%。县城中核电系统的生活区占地50多万平方米，约占县城总建成区10.86平方公里的5%。核电生活区面积虽然不是很大，占建成区的比例也不高，但是核电系统建成的生活小区定位较高，小区内的各种设施也相对完善，为地方生活小区建设树立了样板。特别是秦山二期生活小区核电南苑近几年先后荣获了浙江省级文明社区、绿色社区、全国绿色社区等荣誉称号，更是大大地提升了城市建设的品位和形象。

5. 核电发展促进了人才发展

核电的进入也壮大了海盐县的科技人才队伍。目前，全县每万人中有中专以上毕业生约1080人；中级职称以上技术人员6100人，其中核电系统占30%；高级职称技术人员880人，其中核电系统占60%。核电系统已经成为海盐县的一座人才宝库。为了充分利用核电人才的优势，海盐县成立了老科技工作者协会等交流平台，聘请核电老领导担任海盐县的产业发展顾问，组织核电的专家、工程师等参观考察县内的企业，引导帮助企业在项目实施和产品科技攻关活动中借助核电的人才力量，不断加快企业自主创新进程。

四、核电的发展促进了地方经济的发展，同时，核电的发展也得到了地方政府的大力支持

如上所述，核电的发展在增强县域综合经济实力、提高知名度、促进旅游业的发展、带动城市建设和促进人才发展等五个方面促进了地方经济的发展，同时，核电的发展也得到了地方政府的大力支持。核电在海盐定点之后，海盐县委、县政府也一直按照省、市要求，履行好地方党委、政府的职责，主动加强与核电系统的沟通与联系，在职责范围内力所能及地帮助核电系统解决发展中碰到的困难，确保了核电建设的顺利进行。

1. 做好工程建设中的支持与服务

早在核电进入海盐之初的1983年，为了加强支持秦山核电重点工程建设的工作力量，海盐县就成立了由县长亲自担任组长的支持核电建设工作领导小组，领导小组下设常设机构办公室，并

抽调了数名工作人员，专职从事支持核电建设相关工作。为妥善安置核电系统职工及其家属，海盐县在县城规划区内安排了位置优越、交通方便的近800亩土地，用于核电生活小区建设，另外还为核电职工子女上学、就业等提供优惠条件。

2. 建立核电事故场外应急机制

核电站有着良好的安全性，发生对外界环境造成影响的事故的可能性极小，但是核电厂一旦发生放射性物质外泄的核事故，如果不能采取有效应急响应措施，减少和控制核事故对公众和自然环境造成的危害，对公众的生命财产和心理将造成严重的危害和影响，因此，切实搞好核电事故场外应急准备是十分必要和重要的。

海盐县为加强核应急准备工作，于1989年建立了核电事故场外应急委员会和7个专项工作小组，由县长亲自担任委员会主任，成员单位由20多个政府职能部门和相关镇组成。委员会下设办公室，办公室为常设机构，性质为正科级政府职能部门，与支持核电重点工程建设工作领导小组合署办公，一套班子、两块牌子，核定编制为7名。2006年，海盐县还新建了6600平方米的应急指挥中心，建立了配备电话调变系统、卫星显示系统等11大系统的应急指挥平台，可直接与省应急办、国家应急办对话联络。

3. 积极发展核电关联产业

发展核电关联产业，便捷、高效地为核电的建设、运行、检修、后勤保障提供服务，提供核电配套产品，既是海盐县发挥核电优势，完善产业结构的需要，也切合核电发展对外部支持的需求。积极发展核电关联产业，为核电建设及运行提供配套产品和配套服务，是海盐县从产业上支持核电发展的一大举措。目前，海盐县内多家企业的建材、紧固件、钢管等多种产品已经通过多种途径进入了核电建设领域。为了加快核电关联产业的发展，为核电建设提供品质优良、价格优惠的配套产品和服务，海盐县专门成立了核电关联产业发展工作领导小组，统筹协调核电关联产业的发展工作，制定了核电关联产业的发展规划，在核电站厂区所在镇以及县杭州湾跨海大桥经济开发区设立了核电关联产业发展园区。

各位领导、朋友们，海盐县因为历史的机遇而扮演了先行者的角色，成为我国核电的发源地，而秦山核电在海盐发展的20多年历程表明，核电的发展促进了地方经济的发展，核电的发展也离不开地方政府和人民的支持。在相互支持、相互促进的过程中，地方政府和核电企业建立了深厚的友谊，共同促进了我国核电事业的发展。

最后，我代表中核集团核电秦山联营有限公司欢迎各级领导和朋友们，来我们秦山二期参观考察，我也愿意联系海盐县地方政府为你们的考察提供一些便利条件。

2008年8月26日

辑三

核电抒怀

沁园春·创业

——为纪念核工业部建部 40 周年而作

苍茫戈壁，巍峨祁连，汇聚群英。点云天圣火，光耀华夏；扶摇万里，威震长空。梦绕魂牵，风驰电掣，举国上下尽欢腾。挥巨手，激神州奋起，山河更红。

昔日英杰西征，创千秋伟业举世惊。任风卷荒原，沙埋沃野；大漠虽苦，两弹犹荣。持剑扶犁，新蕾待放，跃马扬鞭任驰骋。酬壮志，赖万众勇进，重振雄风！

1994年12月25日于四零四厂

沁园春·争航

——秦山核电二期工程建设有感

师聚东海，缨卷秦山，浪涌钱塘。闻惊雷乍起，石淋波面；金戈铁马，穿梭奔忙。笔走龙蛇，蚁擎砖瓦，露饮风餐斗志昂。旌旗展，喜千狮竞舞，百舸争航。

核电任重路长，记抱朴守拙图自强。望神州春色，绽放异彩；群英奋臂，妙手添章。世盛人和，云祥气瑞，海阔天空任翱翔。凭栏望，待霓虹铸就，伟业留芳。

2000年12月

沁园春·并网

——为庆祝秦山二核并网发电而作

峭石嵯峨，激流湍涌，浊浪腾翻。面重重帷幕，行行剑戟；厉兵秣马，越隘闯关。天道酬勤，民心矢志，斩棘披荆苦登攀。堪回首，历莫名险阻，无比辛艰。

喜眺银线高悬，庆并网首发捷报传。顿琼楼生色，玉宇放彩：心手互系，魂梦相牵。桃蕾初开，兰香渐透，绿蕊红英春满园。莫停步，愿群龙聚首，奋勇直前。

2002年2月6日

沁园春·发电

——为秦山第二核电厂 2 号机组发电而作

　　2004年3月11日0时30分秦山第二核电厂2号机组首次并网一次成功。在秦山第二核电厂的建造过程中，有成功的喜悦，有遇到挫折时的困惑，也有对核电发展的憧憬。在2号机组发电之时，诸多感慨，赋词以记。

　　巨厦摩天，广宇流辉，浩塔凌空。引丹桂飘香，青山滴翠；红霞溢彩，阔水生风。片片丹心，铮铮铁骨，共济同舟建殊荣。应无悔，育一身赤胆，两座雄峰。

　　曾迷雾锁云横，赖益友雄师齐奋争。感风急浪险，征途漫漫；任重道远，号角声声。蛟龙疾驰，英才奋起，破浪扬帆启新程。挥劲旅，盼宏图重绘，再逞雄风！

2004年3月16日

沁园春·历程

——为庆祝我国核工业成立 50 周年而作

从两弹一艇研制到核电腾飞，中国核工业走过了 50 年艰难而光辉的历程。抚今追昔，感慨万千，填词一首，以抒情怀。

一枭称雄，对岸风寒，霸营弩张。重结盟交友，热风吹雨；克敌制魅，冷眼向洋。莽莽秦川，迢迢丝路，汇聚英贤征战忙。成大业，造两弹一艇，发愤图强。

"军民结合"指航，喜核电发展谱新章。赞独立自主，国际接轨；负重致远，四海流芳。历矩严规，琴心剑胆，厚积薄发采众长。宏图绘，逢尧天舜日，云起龙骧！

2004年10月16日

（原文刊载于《中国核工业》庆祝我国核工业

创建50周年专刊）

沁园春·征途

——作于秦山第二核电厂新老班子交替之时

岁月如歌，风吹无影，水流无痕。伴晨星晓月，惺惺睡眼；憔容倦体，仆仆风尘。夸父逐日，精卫填海，沥胆披肝树厂魂。涛浪险，赖和衷共济，勇搏浮沉。

全凭万众同心，创秦山二核满目春。看黄水滔滔，朝霞聚彩；长风浩浩，落日熔金。壮志如虹，丹心似火，百炼千锤铸铁军。征途漫，定层楼再上，自有后人！

2004年11月18日

图书在版编目（CIP）数据

与核电国产化同行 / 李永江著. —北京：中国文史出版社，2017.11
（政协委员文库）
ISBN 978-7-5034-9818-3

Ⅰ.①与… Ⅱ.①李… Ⅲ.①核电工业—工业发展—中国—文集

Ⅳ.① F426.23-53

中国版本图书馆 CIP 数据核字（2017）第 291710 号

责任编辑：程　凤

出版发行：**中国文史出版社**
网　　址：www.chinawenshi.net
社　　址：北京市西城区太平桥大街 23 号　邮编：100811
电　　话：010—66173572　66168268　66192736（发行部）
传　　真：010—66192703
印　　装：北京地大彩印有限公司
经　　销：全国新华书店
开　　本：787×1092　1/16
印　　张：14.5　　　插页：1
字　　数：151 千字
版　　次：2018 年 3 月北京第 1 版
印　　次：2018 年 3 月第 1 次印刷
定　　价：36.00 元